O encantador

Lila Azam Zanganeh

O encantador
Nabokov e a felicidade

Tradução
José Luiz Passos

Copyright © 2011 by Lila Azam Zanganeh
Todos os direitos reservados

Todos os direitos desta edição reservados à
Editora Objetiva Ltda.
Rua Cosme Velho, 103
Rio de Janeiro — RJ — Cep: 22241-090
Tel.: (21) 2199-7824 — Fax: (21) 2199-7825
www.objetiva.com.br

Título original
The Enchanter: Nabokov and Happiness

Capa
Thiago Lacaz

Imagem de capa
Belinda Ugalde Mellado

Revisão
Ana Kronemberger
Tamara Sender

Editoração eletrônica
Abreu's System Ltda.

CIP-BRASIL. CATALOGAÇÃO-NA-FONTE
SINDICATO NACIONAL DOS EDITORES DE LIVROS, RJ
A984e
  Azam Zanganeh, Lila
   O encantador: Nabokov e a felicidade / Lila Azam Zanganeh; tradução José Luiz Passos. – 1. ed. – Rio de Janeiro: Objetiva, 2013.
   292 p. : il.

   Tradução de: *The enchanter: Nabokov and happiness*
   ISBN 978-85-7962-219-9

   1. Nabokov, Vladimir Vladimirovich, 1899-1977. 2. Ensaio francês. I. Passos, José Luiz. II. Título.

13-00311   CDD: 844
               CDU: 821.133.1-4

Às três mulheres que começaram a minha história:

Zahra Nosratian, minha avó, sempre à procura
Nilou Ghodsi Azam Zanganeh, minha mãe, que
  teceu o sonho
Nicole Aragi, que me emprestou suas cores

Confio nas promessas arrebatadoras do verso
que ainda respira, que ainda gira, meu rosto está
molhado de lágrimas, meu coração explodindo
de felicidade, e sei que essa felicidade é a melhor
coisa que existe na terra.

VLADIMIR NABOKOV, "FUMAÇA ENTORPECENTE"

A FELICIDADE

SIGA O ITINERÁRIO OU ESCOLHA O SEU PRÓPRIO

SUMÁRIO

PREFÁCIO   *15*
Por que ler este ou qualquer outro livro?

PRÓLOGO   *27*

1   *A felicidade extravagante de
um sonhador*   *29*

(Onde o escritor morre num livro inacabado e o leitor
embarca numa busca póstuma para encontrá-lo)

2   *A felicidade num ponto resplandecente
de memória*   *45*

(Onde o escritor recaptura o tempo
e o leitor apanha um espelho)

3   *A felicidade, ou ao menos parte dela*   *59*

(Onde o escritor sente-se terrivelmente enamorado
e o leitor revela-se uma espécie de detetive)

4   *Uma explosão de felicidade*   *71*

(Onde o escritor fala da única coisa verdadeira
no mundo e o leitor fica um tanto falante)

5 Um resumo das alegrias de seis chapeleiros malucos 77

(Onde o escritor e outros se apaixonam loucamente e o leitor cai no sono)

6 A felicidade através de um abismo transparente 101

(Onde o escritor perde tudo o que possuía e o leitor sai pela tangente)

7 A felicidade, sentido anti-horário 119

(Onde o escritor inventa o paraíso e o leitor pula sem demora dentro dele)

8 Escrevendo a felicidade: Guia prático 129

(Onde o escritor rabisca extaticamente e o leitor espia por cima de seu ombro)

9 Os detalhes miúdos da felicidade 145

(Onde o escritor apresenta sua literatura e o leitor exibe comentários iluminadores)

10 A felicidade de abril no Arizona 159

(Onde o escritor descobre uma América brilhante de sonho e ao leitor é concedida uma entrevista exclusiva)

11 A felicidade natural e antinatural 179

(Onde o escritor se deleita com a magia da natureza e o leitor se propõe a imitá-lo)

12 Uma aventura do leitor na felicidade 197

(Onde o escritor se retira para os bastidores
e o leitor audaciosamente toma a frente)

13 A abocanhada da felicidade 209

(Onde o escritor usa palavras cintilantes
e o leitor as engole uma por uma)

14 A felicidade através do espelho 225

(Onde o escritor enxerga para além dos limites
da vida e o leitor rouba uma olhadela)

15 As partículas da felicidade 237

(Onde o escritor revela mil tons de luz e
o leitor o encontra novamente)

CRÉDITOS 243

FONTES 245

ÍNDICE COMPLETO DE CITAÇÕES 247

ÍNDICE DE FOTOGRAFIAS 287

AGRADECIMENTOS 291

PREFÁCIO

POR QUE LER ESTE OU QUALQUER OUTRO LIVRO?

Sempre tive temor de livros e de ler. E, no entanto, estou prestes a contar a história de alguns livros que mudaram minha vida. As aventuras nas quais eles me atiraram foram todas imaginadas. Ou, pelo menos, a princípio foram assim. Não exigiram nenhuma visita a tribos isoladas na Amazônia ou aos habitantes da remota Moscóvia. Não impuseram nada a pés preguiçosos nem a estômagos sensíveis.

Pois lá estava eu, na tardinha de uma cidade norte-americana do litoral leste, reclinada num sofá cheio sob uma lâmpada em forma de sino. Do lado de fora, a primavera ainda era recente. Estava nublado e frio e a noite logo iria passar para dentro da sala. Eu estava prestes a ruminar um texto que havia escolhido, quando — bom, é aí que as primeiras dificuldades apareceram. O desejo irresistível de cair no sono. É um impulso ardiloso contra o qual se deve lutar, então minha preferência é me entregar logo, e antes cedo que tarde.

Após o breve encanto de um cochilo, com olhos bem abertos, voltei a mim. Logo estava me espreguiçando langorosamente, levantando-me, provando uma tangerina, andando em círculos pela sala em busca de várias tarefas aleatórias, fingindo refletir sobre a beleza de uma primeira frase, antes de voltar a contragosto para o sofá. Dessa vez, pensei que estaria melhor se sentasse direito. Então começou. O temor. As letras espremidas do alfabeto tratadas numa ordem aterrorizante. Horas antes, quando conferi, o veredito tinha sido inequívoco: 589 páginas. O horror. Revi de cabeça uma frase de Hobbes, a quem em geral não costumo citar a mim mesma. "Se eu tivesse lido tanto quanto os outros homens, seria tão ignorante quanto eles." Hobbes me tranquilizou, infelizmente, por um período muito curto.

Por agora, com *Ada* inclinado diante dos olhos, escavei as frases estranhas da primeira página. Depois de as letras se amalgamarem em palavras e começarem a dar alguma impressão de sentido, o segundo obstáculo era a topografia odiosa do parágrafo. "Dolly, filha única, nascida em Bras, casou-se em 1840, na idade terna e indócil dos seus quinze anos, com o general Ivan Durmanov, comandante do forte Yukon e honrado homem pacífico do interior, dono de terras no Severn Tories (Severnïya Territorii), aquele protetorado em xadrez ainda amorosamente referido como a Estócia 'russa', que se embaralha, granobleristicamente e organicamente, com a Canádia 'russa', outrossim, a Estócia 'francesa', onde não apenas colonos franceses mas também macedônios e bávaros gozam um clima pacífico sob as listras e estrelas da nossa bandeira nacional." Meu Deus! Que terrível labirinto! Fechei o livro. Pouco depois, com a angústia da consciência intelectual pesada, abri-o novamente.

Aqui e ali, uma variedade de coisas começava a me acenar das páginas seguintes... Uma orquídea-borboleta numa floresta de pinheiros ancestrais, nódoas de luz e asas feridas planando ao sol das doze por entre um dia de verão, uma manhã cintilante de chuva verde. Seguia adiante, esforçando-me para ver mais, detendo-me nas sombras quando não nas curvas da história a desdobrar-se, que até ali não passava basicamente de um turbilhão bizarro. Porém, mantive a calma e fui adiante. Diz a lenda que em literatura devemos alcançar a fantástica *centésima* página a fim de se entrar no universo de um romance. Então forcei meu caminho, pousando os olhos escrupulosamente em cada palavra, mesmo quando a ansiedade avultava ante a ideia de ter de absorver praticamente tudo (uma obsessão resiliente). Por isso, preciso confirmar de passagem o que, com certeza, você já suspeitava — nunca fui e nunca poderei ser uma leitora voraz. Sou tomada por tamanha sensação de pânico, diante de frase após frase, que frequentemente me pego lendo cada uma delas várias vezes, antes de ir em frente ou passar a página.

Admito que ler dessa forma, tão detalhadamente, é, de acordo com a maioria dos preceitos de saúde mental, uma tarefa inutilmente meticulosa. Por que tentar? Emerson — um leitor voraz, talvez como nenhum outro — provavelmente consideraria tal leitor enfadonho um grandessíssimo tolo. "Somos corteses demais para com os livros", disse ele, certa vez, a um aluno. "Por umas quantas frases preciosas folheamos e até lemos um volume de quatrocentas ou quinhentas páginas." Por que não ser abertamente descortês com este escritor em particular, Vladimir Nabokov, autor de *Lolita, Fala, memória* e *Ada ou ardor*? E, já que comecei, por que ler esses ou quaisquer outros livros? Por que se confrontar com o terror geral de incontáveis páginas não lidas, com os pelotões de palavras que eventualmente irão nos derrotar, mesmo que apenas porque lemos correndo contra o tempo?

A resposta, a meu ver, sempre se mostrou com clareza. Lemos para reencantar o mundo. Há, sem dúvida, um custo, mesmo para o leitor mais ágil. Decifrar, arrastar-se por entre regiões desconhecidas, abrindo caminho através de um atlas de frases, de escuridão alarmante, de flora e fauna estranhas. Porém, caso sigamos adiante com a curiosidade insistente, com um espírito de conquista, de vez em quando um panorama suntuoso vai surgir, uma paisagem coberta de sol e criaturas marinhas reluzentes.

Para começar essa jornada, precisamos primeiro *adivinhar* quais livros de fato desejamos ou necessitamos. No meu caso, pode-se pôr a culpa na intuição, ou no destino (uma questão de família a ser contada mais adiante). Mas eu esperava encontrar encantadores e demônios em Nabokov. Uma magia arrepiante. A matéria dos contos de fadas, "nobres criaturas furta-cor com garras translúcidas, batendo asas poderosamente". O resto, na verdade, foi como apaixonar-se, uma sensação assombrosa de estranhamento inato.

Isso tem relação com as artimanhas de uma nova língua. Uma língua cujas curvas e giros parecem tudo, menos reinventados. Percebemos um arco radiante, nos deleitamos na esperança de um instante de arrebatamento sob essa luz, sob seu equilíbrio. É como penetrar num mistério primordial, numa estrutura invisível, tornada visível através da inflexão das palavras, da ondulação dos sons, ecoando o tom exato das coisas, mesmo as mais baixas ou triviais. É um sussurro que nos acompanha, resumindo a existência.

Capturar isso é nossa chance de nos tornarmos aquilo que Nabokov chama de "leitor criativo", o que significa dizer, companheiro de sonho, observando os mínimos detalhes do mundo. E, como tal, estamos "nos lançando à nossa morte, desde o piso superior do nosso nascimento, e nos perguntando, tal qual uma Alice imortal no País da Maravilhas, sobre as estampas nas paredes que passam ao redor", VN escreve. "Esses apartes do espírito, essas notas de rodapé no volume da vida são a forma mais alta da consciência." O romancista é uma Alice imortal num mundo real. Sua inspiração é golpe de arroubo e recaptura, percebendo o passado, o presente e o futuro num único instante, invocando o ciclo puro do tempo, e assim tranquilamente destruindo os relógios. Como leitores, podemos tocar nesse milagre. É algo que desafia o enfadonho senso comum, e sorri secretamente ante a lógica esmagadora do tempo linear. É uma capacidade infantil de se admirar com bagatelas, de ignorar a gravidade e deleitar-se "com os irracionais, os ilógicos, os inexplicáveis" pigmentos da beleza.

Para tanto, precisamos primeiro imaginar um romance com precisão enlouquecedora e explorar por completo aquele maravilhoso brinquedo óptico, tirando à vista imagens de dentro de outras imagens. Porque cada imagem perdida é uma ocasião desperdiçada para se encontrar a felicidade. E, enquanto folheamos as páginas, podemos também buscar um lado mais profundo — ou seja, um mundo recluso que cada um de nós ao seu modo é levado a sonhar, um mundo que ao mesmo tempo é e deixa de ser o romance em questão, já que pertence apenas a cada um de nós. Então, e só então, as cores e os esquemas de nosso novo entorno irão se misturar com uma realidade que perderá

"as referências empregadas como se fossem garras".
A aventura humana estará completa pela proeza da
imaginação.

Foi aí onde descobri a própria textura da felicidade. A literatura — e Nabokov em particular
— tornou-se não um manual, mas uma experiência com a felicidade. VN, em seu gênio linguístico
e graça trilíngue, despertou isso mais vivamente
do que qualquer outro que eu já tivesse lido.

Claro, pode parecer desconcertante, a
princípio, celebrar a felicidade segundo Vladimir
Nabokov, um escritor tão frequentemente associa-
do a um desconforto moral e sexual. No entanto,
estou convencida de que ele é o grande escritor
da felicidade. E por felicidade não quero suge-
rir um sentido banal de embotamento no bem-
-estar e na satisfação. A felicidade em VN é um
modo singular de ver, maravilhar-se e entender,
ou, em outras palavras, de enredar as partículas
de lucidez piscando ao nosso redor. Isso pertence
à sua própria definição da arte como curiosidade
e êxtase, uma arte que nos provoca na estimulan-
te tarefa da consciência. Mesmo na escuridão e
na queda, Nabokov nos diz, as coisas se agitam
com o brilho da beleza. A luz se acha em qualquer
canto. Muito embora a questão não seja admirar-
-se beatificamente. A questão é recapturar a luz
através do prisma da linguagem e de um conhecimento dos mais sublimes. Este conhecimento, no
seu mais alto grau, contém a "perfeita ventura".

Pois, de posse dele, transformamos o que parecia prosaico e cotidiano em surpresas singulares, feitas com infinita destreza e notável inteligência. E, por sorte, na paisagem nabokoviana, o bojo límpido do microscópio está escondido a céu aberto, tentando-nos a olhar através dele a todo e qualquer instante.

Talvez eu devesse acrescentar que ser o grande escritor da felicidade não significa contar histórias felizes com personagens banalmente felizes. A profunda alegria que encontrei em *Lolita* ou *Ada* vem de outra fonte. Está conectada a uma experiência de fronteira, uma experiência de limites (no sentido quase matemático de um final aberto), que por sua vez torna-se algo de poesia extrema. E tal poesia é plenitude, ou, como VN chamava em seu russo nativo, "*blazhenstvo*"; muito embora, como sempre é o caso com Nabokov, a plenitude não seja uma forma genérica de êxtase. Nas suas páginas, o êxtase está contido em histórias implacavelmente originais de desejos levados à quase loucura, a despeito das suas consequências. De modo que, paradoxalmente, a plenitude não exclui o egoísmo e a crueldade. Algumas vezes, essa plenitude está inclusive "para além da felicidade"; um reino de embriaguez sublime. Aí, as frases parecem pertencer a um novo plano de sensibilidade: uma linguagem recombinando seus elementos com ardor e maestria tão espantosos que chegam a erradicar os limites da linguagem tal como a conhecemos.

Quando a princípio considerei escrever este livro, pensava que fosse essencialmente escrever um livro *sobre* a felicidade. Como leitora, queria me dedicar minuciosamente a pesquisar, pensar e escrever. Mas, então, quando a escrita começou, um delicado detalhe do universo nabokoviano de repente remetia, como se por atração magnética, a um detalhe de minha própria vida, real ou talvez imaginada. Coisas que eu aparentemente nunca havia articulado antes, ou que quase não havia notado, voltavam prontamente à superfície.

Tentei identificar as palavras certas e brincar com elas até que sua melodia se adequasse às minhas imagens interiores, do modo mais preciso possível. E, enquanto fazia isso, algo mudou na "visão" de meu narrador. O "eu" real, aquele agora escrevendo isto, aos poucos se dissolvia num "eu" mais imaginário, enxergando e reinventando as coisas através de lentes nabokovianas. Unidade de fonte, forma e linhas narrativas cederam a uma nova lógica de caminhos sinuosos. A verdadeira história de um escritor extático misturou-se à fantasia especular de uma leitora maníaca. Flashes das memórias de VN invocavam cores recentes; fragmentos de histórias evocavam outras histórias por contar; frases causavam ecos espasmódicos. Mais de uma vez lembrei-me de um conto que VN publicou em Berlim, no qual um poeta russo, embora ciente de escrever poemas juvenis simples, experimenta a felicidade absoluta mesmo na presença do rubor mais discreto da criação.

O encantador é o registro de uma aventura. Cada capítulo — tal como está no mapa de abertura — traz uma ideia de felicidade. E o livro desdobra-se por meio de quinze variações como as de Alice, perambulando por onde, às vezes, começo e fim não passam de uma só coisa, e os caminhos abertos tornam-se, afinal, espelhos cintilantes.

O ENCANTADOR

"Eu, Vladimir Nabokov, te saúdo, vida!"

PRÓLOGO

bservando uma manhã de azul-cobalto, ao caçar borboletas, em agosto de 1971, bronzeado e sereno após subir um monte suíço com uma rede de borboletas numa das mãos, Vladimir Nabokov disse a seu filho, Dmitri, que ele havia realizado todos os seus sonhos e era um homem extremamente feliz. É no pico dessa montanha que gosto de imaginá-lo; VN, exclamando tal como Van Veen, sua própria criatura exultante: "Eu, Vladimir Nabokov, te saúdo, vida!"

Naquele dia Dmitri tirou uma foto de seu pai, aos setenta e dois anos, no topo do monte La Videmanette, dois mil metros acima do nível do mar, espreitando ao longe, levemente encurvado, com chapéu branco, casaco bege, bermudas escuras e botas de trilha, com meias grossas e dobradas na altura dos tornozelos. Nas mãos, tinha a pequena caixa de Band-Aids que vinha usando havia anos para guardar suas borboletas. Com o prado alpino e os trechos de pinhais para trás, permanecia contemplando o horizonte, observando, talvez, detalhes em miniatura da cidade mais próxima, Rougemont, enquanto o sol deixava pintas na sua testa e no lado esquerdo de seu nariz.

Até hoje o vejo ali, descansando com notável firmeza, sob seu próprio firmamento nítido e peculiar; tal como seu pseudônimo russo, "Sirin", uma esquiva ave rara do paraíso.

CAPÍTULO 1

A FELICIDADE EXTRAVAGANTE DE UM SONHADOR

(Onde o escritor morre num livro inacabado
e o leitor embarca numa busca póstuma para
encontrá-lo)

Pois a lua ao cintilar sempre
me faz sonhar...

 abokov faleceu no dia 2 de julho de 1977. Eu tinha dez meses de idade. Mais ou menos seiscentos e cinquenta quilômetros nos separavam. Em suma, tivemos um começo infeliz. Ele iria permanecer para sempre insciente da minha insignificante existência.

Meros quatro meses antes de meu nascimento, Nabokov sentiu a morte mais próxima. Tinha acabado de completar setenta e sete anos. No dia 24 de abril de 1976, para ser mais precisa, eis o que escreveu em seu diário: "À uma da manhã levantei de um sono breve, com uma angústia horrorosa, do tipo 'é agora'. Gritei *discretamente*, querendo acordar Véra no quarto ao lado, sem sucesso (porque me senti melhor)."

Ele foi sempre um insone, mas os anos agora pesavam e as pílulas mais potentes já não sedavam seus fantasmas domésticos. Nabokov permanecia acordado a maior parte da noite, atormentado pela sua imaginação revolvendo-se no escuro. À medida que a medicação tornava-se mais forte, VN chegou a ter alucinações insólitas e teve que descartar os ardilosos comprimidos, e de uma vez. Mas o pior de tudo, a cada noite, era a trepidação sombria do tique-taque das horas à sua frente.

No verão anterior, no fim de uma manhã de julho de 1975, pela primeira vez, enquanto caçava borboletas numa encosta alpina, Nabokov tinha caído, deslizado cinquenta metros e perdido sua rede de borboletas para o galho de um abeto mais próximo. Esgueirando-se com cuidado na direção da árvore, deslizou de novo e não conseguiu se levantar. A situação provocou — tal como situações absurdas muitas vezes causavam em Nabokov — um ataque descontrolado de riso, tão intenso que as pessoas no teleférico, passando acima, supuseram que ele estivesse deitado por gosto, divertindo-se sob o sol da tardinha. Foi apenas quando o condutor do teleférico prestou atenção a Nabokov outra vez que ele suspeitou de algo errado e pediu que o socorro, com uma maca, fosse até lá, duas horas e meia depois da queda. Embora Nabokov não tivesse se machucado seriamente, sua rede iria para sempre permanecer agarrada àquele galho, "tal qual a lira de Ovídio", como ele mais tarde escreveu. Uma fratura invisível tinha se aberto furtivamente. VN, que havia lutado contra a prisão do tempo desde o ponto mais remoto que a memória lhe permitisse, estava agora sentindo o massacre do próprio tempo. Um "choque terrível", ele comentou.

Naquele outono, um tumor de próstata exigiu uma anestesia geral, o que, para o escritor de consciência exarcebada, não era menos do que um experimento no ridículo da finitude — a humilhação de se entorpecer os sentidos como num minúsculo ensaio da morte. Além disso, a insônia tinha se tornado crônica e ele permanecia bastante agitado. Incapaz de suportar o limbo da convalescença, e a despeito das insistentes recomendações dos médicos, também retomou seu romance em andamento, *O original de Laura: morrer é divertido*, escrevendo nas pequenas fichas de papel-cartão 3x5 que ele vinha usando havia décadas. Cerca de um ano antes, Nabokov havia sentido o primeiro pequeno latejo: "Inspiração. Insônia radiante. O sabor e as neves das adoradas encostas alpinas. Um romance *sem* um eu, sem um ele, mas com o narrador, a *visão deslizante*, implícita do começo ao fim."

Em abril de 1976, no hotel Montreux Palace, Véra e Vladimir brindaram festivamente os setenta e sete anos de VN, e Nabokov rascunhava em média cinco ou seis fichas a cada tarde. Entretanto, daí em diante ele enfrentaria inúmeros reveses. Mais tarde, no mesmo ano, bateu com a cabeça numa queda e, a partir de então, passou a andar visivelmente com mais dificuldade, sofrendo de terríveis dores nas costas e febres ocasionais. Uma infecção misteriosa parecia assaltá-lo, levando-o várias vezes a diversas clínicas e hospitais suíços. Ali, para matar as horas, lia a maior parte do tempo um novo manual, intitulado *As borboletas da América do Norte*, e uma tradução incrivelmente literal do *Inferno*, de Dante. Mas a maioria das vezes, estritamente no estilo VN, lia para si o romance que estava na sua cabeça nítido como um vitral: o inacabado *O original de Laura*. Praticamente toda manhã, num estado de quase transe, lia e aperfeiçoava *Laura*. Tal como todos os seus outros romances antes de estarem realmente escritos, ele concebia também este último de cabeça; como um rolo de filme prestes a ser revelado em suas fichas imaculadas. Sozinho em seu quarto de hospital, tal como registrou mais tarde, chegou inclusive a recitar o texto para "uma pequena plateia ideal num jardim murado. Minha plateia consistia de pavões, pombos, meus pais falecidos há tempo, dois ciprestes, várias jovens enfermeiras agachadas ao redor e um médico de família tão velho a ponto de se tornar invisível".

No final de julho Nabokov reconquistava mais espaço na vida. Mas sabia que, em quase vinte anos, esse era o único verão que passaria sem caçar borboletas. Ao fim de setembro, de volta à suíte do hotel, estava tremendamente debilitado. Confessou à esposa que não gostava de hospitais, "apenas porque você não está lá. Não me importaria estar num hospital se eu pudesse levá-la, embrulhá-la no bolso da camisa e levá-la comigo". Porém, mesmo com Véra ao seu lado, após tantos meses de doença, um langor alarmante tomou conta de si. Com *O original de Laura* praticamente composto de cabeça, VN permanecia, para sua própria frustração, exausto demais para escrevê-lo. E, quando um repórter bisbilhoteiro lhe perguntou a respeito de sua dieta, Nabokov ironizou: "Minha dieta literária é bem mais extravagante, não passo de duas horas de meditação, entre as duas e as quatro da manhã, quando o efeito do primeiro soporífero evapora e o do segundo ainda não começou, além de uma nesga de escrita à tarde, é tudo praticamente de que meu novo romance precisa." Mais adiante, em fevereiro de 1977, ele anunciou que, quando os ventos mudassem, faria uma visita ao seu adorado Oeste americano. Na primavera de 1977, ainda estava avidamente sonhando com uma viagem a Israel, onde imaginava que finalmente iria explorar as borboletas do Oriente Médio (uma década antes, havia dito: "Também pretendo coletar borboletas no Peru e no Irã antes de me tornar uma pupa.") Mas seu passo, tão vigoroso dois verões atrás, era agora o de um ancião, e ele estava completamente vencido pela onerosa tarefa literária que se impôs: editar as traduções imperfeitas de seus romances anteriores e dar forma terrena a *Laura*. Os amigos ficavam perplexos diante de um VN abatido. Véra manteve, frente a todos, como sempre, uma impressão de grande compostura.

A seguir, o ânimo de Nabokov parecia se fortalecer, mas em março de 1977 seu diário registra sombriamente outra recaída: "Tudo recomeça outra vez." Dois meses depois, de volta à mesa de trabalho, ele ainda se debatia com *Laura*, ainda fazia uma brincadeira ocasional com visitantes escolhidos. Porém, no dia 18 de março, com a letra convertendo-se num rabisco, ele anotou: "Delírio leve, temperatura de 37,5°. Será possível que tudo comece de novo?" Era praticamente impossível concentrar-se, e numa noite fatídica VN, o "lexicomaníaco", perdeu nas palavras cruzadas em russo para a sua irmã Elena pela primeira vez. Em questão de semanas, foi acometido por febres altas e transferido para um hospital em Lausanne. Lá, Véra disse com severidade a um médico confuso, que anunciava confiante a recuperação de Nabokov, que, na opinião dela, seu marido de fato estava morrendo.

Naqueles últimos dias, Dmitri lembra-se de seu pai, sussurrando-lhe o quanto ele estava orgulhoso do filho, prestes a partir para sua estreia na ópera de Munique. Dmitri pensa nessas horas passadas em Munique como as mais bem-aventuradas de anos a fio, simplesmente porque "meu pai ainda existia". No entanto, ao regressar, ele notou uma sombra de resignação no olhar do pai. "Às vezes", Dmitri depois escreveu, "pressentia-se o quão magoado ele estava diante da ideia de ser, de repente, cortado de uma vida cujos detalhes lhe davam tanto prazer, e de um fervor criativo em plena atividade".

Véra disse, de passagem, que não sentia a morte como o fim de tudo, e VN concordou, tal como ele próprio havia suspeitado durante a vida inteira, numa região secreta dos seus romances. Dmitri, por sua vez, ficou perplexo ao ver lágrimas nos olhos do pai ao beijar a testa de VN numa das últimas noites que passaram juntos. Quando discretamente Dmitri quis saber o porquê, seu pai respondeu que "certa borboleta já estava em pleno voo", e algo no seu olhar dizia que ele não acreditava que veria mais essa borboleta.

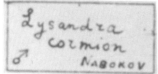 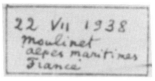

A "Lysandra Cormion", descoberta por VN numa exitosa caçada de verão

Dias depois, seu fôlego debilitou-se até se tornar asmático. Era uma tarde banhada em luz. Sua esposa e seu filho sentaram-se ao seu lado, tomando-lhe conta, sentindo que ele estava ciente da sua presença até o fim. Faltando dez minutos para as sete da noite, no sábado, 2 de julho de 1977, Nabokov gemeu três vezes, baixando a cada vez o tom, em ressonância operística. E, então, ele se foi. Quando Dmitri naquela noite levou sua mãe de volta a Montreux, em seu carro de corrida azul-escuro, Véra sugeriu serenamente: "Vamos alugar um avião e bater com ele."

Nabokov foi cremado num dia claro de verão. Na tarde do dia seguinte, apenas Véra e Dmitri estavam ao lado do túmulo, enquanto as cinzas eram depositadas numa urna, perto do Château du Chatelard, no cemitério de Clarens, onde também jaz uma tia-avó, Praskovia-Alexandria Nabokov, nascida Tolstói. Em uma clara homenagem póstuma ao apreço de VN pelos engenhosos planos do destino, uma Tolstói e um Nabokov encontram-se no mesmo cemitério suíço.

Nabokov não havia completado *O original de Laura* e, tal como fizera Virgílio, havia pedido que qualquer traço dos originais inacabados fosse destruído. Entretanto, à maneira dos hesitantes executores da vontade de Virgílio, Véra não conseguiu se convencer a queimar as palavras de VN. Dmitri, por sua vez, revendo o quarto do pai no hotel Montreux Palace logo após sua morte, revelaria apenas isto: "Há outra caixa, muito especial, contendo uma parte substancial do incrivelmente original *Original de Laura*, que teria sido o romance mais brilhante de meu pai, a destilação mais concentrada de sua criatividade." Por mais de trinta anos, até 2008, quando Dmitri tomou para si a tarefa de publicá-lo, os fragmentos de *Laura* permaneceriam num cofre suíço, tendo seus poucos leitores clandestinos jurado total segredo.

· ·

Pois a lua ao cintilar sempre
me faz sonhar...

· ·

Trinta e três anos se passaram desde a morte de Nabokov — boa parte dos quais levei: devorando as histórias de VN uma atrás da outra; me empenhando em uma missão furtiva de investigação literária; estudando por conta própria um russo de terceira categoria; fazendo várias outras coisas que, aqui e ali, eu logo irei urdir em minha história.

Por agora, numa pálida manhã de final de verão, olho na direção do lago Genebra, das colinas acima de Montreux. Vim à Suíça para ver Dmitri e para visitar o cemitério de Clarens, onde as cinzas de Vladimir e de Véra foram misturadas. Quando sua mãe faleceu, Dmitri depois me contou, os coveiros levaram horas até encontrar a urna contendo as cinzas de seu pai: "Eles pareciam saídos de Shakespeare." Por volta do fim da tarde, a urna foi finalmente aberta. Dois punhados de pó. Uma modesta coda a um casamento de cinquenta e dois anos, para além da linha de chegada do próprio tempo.

Não sei se jamais notaram antes que uma das principais características da vida é a discrição. Adentro o cemitério num clima de pânico controlado. De alguma maneira, diante desse retiro murado, imaginava Clarens como o Père-Lachaise em Paris, onde Oscar Wilde, Marcel Proust, Jim Morrison e centenas de outros ganharam túmulos numerados. Mapas detalhando o vasto zigue-zague estão disponíveis na entrada, vigilantes irritadiços patrulham dia e noite, e inscrições foram esculpidas por visitantes devotos, em árvores impressionantes.

Em Clarens, não há nada. *Se uma película de carne não nos envolve, nós morremos. O homem existe apenas na medida em que se separa dos seus arredores.* Um mar de lápides se espalha diante de mim. Sou saudada pelo silencioso suspiro matinal de árvores altas, a lividez isolada de uma igreja vazia, a grande torre de um castelo que parece rascunhada no pano de fundo. Tal qual Alice perdida num labirinto espantoso, pensando que viajei até ali em vão, que devo embarcar num trem em algumas horas, e que jamais encontrarei VN, começo a rezar um pouco, rápida e indecisa. À distância, um par de asas rufla. *O crânio é o capacete do viajante espacial. Permaneça ali dentro, ou morra.*

O céu desvela um azul-turquesa. Distingo a curva de uma colina. Os túmulos, banhados de sol, brilham silenciosamente no frescor dessa manhã no começo de setembro. Dou a volta e observo a extensão iridescente do lago Genebra, as encostas delicadamente entrecortadas vigiando-se mutuamente no extremo do horizonte. De repente, voltando à tarefa que me propus, dirijo-me à igreja e à casinha de ferramentas do cemitério. "Oi, oi? Tem alguém aí?" *A morte é desinvestimento, a morte é comunhão.* Irritada, corro até o crematório do lado direito, dou a volta, certa de achar ao menos um rosto benevolente, um par humano de olhos. Ninguém. O cemitério está praticamente vazio.

Continuo andando, dominada por essa onda de placas de mármore, sentindo-me tão perto e, no entanto, tão absolutamente sem rumo. *Pode ser maravilhoso fundir-se à paisagem, porém fazê-lo seria o fim do delicado ego.* E ali, de repente, à minha direita, noto uma lápide cinza-azulada, singela como qualquer outra. (Quais são as probabilidades matemáticas, imagino por um instante, de se deparar com este túmulo, discreto, sem qualquer anúncio, entre tantos milhares?)

Em um retângulo limpo, acabei de ver:

**VLADIMIR NABOKOV
ÉCRIVAIN 1899-1977**

E logo abaixo:

VÉRA NABOKOV
1902-1991

Eu me inclino por um momento e passo a mão no mármore salpicado. Penso na sua própria mão pondo no papel *O dom*, naquele apartamento em Berlim na década de 1930; penso nas mariposas beija-flor que ele adorava apanhar com misturas de açúcar mascavo e rum, em inebriantes noites de agosto na América: a alegria que ele tinha ao observar suas asas estriadas entre um dedo e o polegar. Há um ar de delicadeza neste cemitério, um estranho e convidativo tom de calma. *Se uma película de carne não nos envolve...* Lentamente, obsessivamente, como uma melodia a pulsar na mescla de um sonho, as palavras de VN passam a girar e girar em minha cabeça.

. . . .

Pois a lua ao cintilar
sempre me faz—

. . . .

Na verdade, alguns dias antes eu havia tido um sonho. Ele estava ali. Tão perto que eu praticamente podia tocá-lo. Olhava-me fixamente no rosto. Suas feições provinham das inúmeras fotografias que vi ao longo dos anos... Ele está ereto, de pé, com um brilho jocoso nos olhos. Parece subir, passo a passo, o prado numa encosta coberta de flores gigantes. Segura nas mãos uma rede de borboletas incrivelmente grande. A imagem está em preto e branco. E, muito embora ele não diga uma palavra, sua expressão exulta curiosidade e ternura — o que imediatamente dá à sonhadora uma sensação de felicidade extravagante.

À tardinha, na casa de Dmitri, depois de comer várias fatias de torta de pera (Madeleine, a cozinheira, parece saída de uma porta dos fundos de Ardis Hall, em *Ada*), ao fim de uma longa conversa, temendo que ele achasse ridículo, ou irritante, compartilho essa imagem com o filho de Nabokov. Cheguei até aí na ponta dos pés, esperando que ele descartasse o sonho como sendo a fantasia de uma leitora monomaníaca; como um sonho infelizmente estúpido. Para minha surpresa, Dmitri fica tocado, até mesmo satisfeito: o seu pai, ainda presente, perambulando no sonho de alguém... Por um breve instante, seus olhos azul-gelo parecem se encher de lágrimas. Fico admirada, tal como havia ficado quando ele abriu pela primeira vez a porta de sua casa em Montreux, com a semelhança física entre pai e filho. Vejo que, na medida em que ele próprio se aproxima da idade última de seu pai, ainda lhe é impossível crer que esse pai não esteja mais ali. "Quando um novo item brota em minha consciência", Dmitri escreveu, "meu primeiro impulso mental é o desejo de levá-lo a papai, para sua aprovação, como uma pedra, na infância, esculpida pelo mar numa praia da Riviera; e só um segundo depois me dou conta de que meu pai não está mais aí. Teria ele gostado dessas minhas ofertas?" Conexões fortuitas, pistas encobertas pelos dedos astutos do destino: uma praça romana chamada "Margana" na sequência de um anagrama acidental, um monte suíço em forma de presa, chamado Dent-Favre, como o velho dentista suíço dos Nabokov em Massachusetts, ou aquele velho caminhão verde, alardeando o dúbio letreiro "Dente Transportes". E me ocorre que também eu observava as coisas, de vez em quando, pelas lentes do olhar nabokoviano. Aquele gato preto e esquivo na Laguna do Patriarca, em Moscou. Os traseiros salientes das *Demoiselles d'Avignon*, de Picasso, involuntariamente combinando com os de quatro espectadoras boquiabertas. Meu próprio reflexo distorcido em um par de óculos de sol infantis com aros vermelhos.

Minha imagem de VN

CAPÍTULO 2

A FELICIDADE NUM PONTO RESPLANDECENTE DE MEMÓRIA

(Onde o escritor recaptura o tempo e o leitor apanha um espelho)

udo que ouvi ao longo das primeiras páginas foi, não um ataque de riso, mas um suspiro:

O berço
balança por cima
de um abismo
e o
senso comum
nos ensina que
nossa
existência não
passa de uma
breve fresta
de luz entre
duas eternidades
de trevas...

Num recesso distante da memória, surge um ponto de luz.

É o fim do verão, 1903. Vladimir, aos quatro anos, está passeando por uma alameda de carvalhos em Vyra, na propriedade dos Nabokov, fora de São Petersburgo. À medida que um tapete de terra esverdeada se desenrola diante dos seus olhos, ele segura firme, com cada uma das mãos frágeis, outra mão maior e mais firme. Por uma abertura no tempo, ele aparece ainda guardado nas rugas da intemporalidade, em que pai, mãe e criança são uma só e a mesma criatura irreal, quando de repente ele descobre que seu pai tem trinta e três anos e sua mãe, vinte e sete; que eles são dois e não um e, talvez, sejam até três.

Pode ter sido no aniversário de sua mãe, nos últimos dias arrastados de agosto, no norte da Rússia. Ele se lembra da luz do sol límpida, do suave contorno das manchas deslizando na superfície dos arbustos e árvores. "Senti-me mergulhado abruptamente num meio móvel e radiante que não era outra coisa senão o puro elemento do tempo. Pode-se compartilhá-lo — como banhistas animados compartilham a água reluzente do mar — com criaturas que não eram uma só, mas que foram unidas numa só coisa pelo fluxo comum do tempo", escreveu VN, meio século depois, na sua autobiografia, *Fala, memória*.

O fogo pálido do tempo agora rolava o peso do mundo, jogando luz no discernimento das coisas, abrindo a janela do sótão da consciência. "Na verdade, do cume de meu presente num tempo remoto, isolado, quase desabitado, vejo meu diminuto eu celebrando, naquele dia de agosto de 1903, o nascimento da vida sensível." O tempo havia introduzido a consciência, virado a ampulheta da percepção. O tempo, naquele instante, *era* consciência. Uma dádiva anônima, oferecida à humanidade "em meio à noite do não ser".

O anoitecer em Vyra. Depois que sua mãe lia para ele à luz de velas, na sala de estudos (o solar de Vyra, tal como o Ardis Hall, em *Ada*, deliberadamente evitava a eletricidade), ela lhe sugeria delicadamente que já era tempo de viajar escada acima. Receando a hora do sono, retardando o momento derradeiro, Vladimir remanchava, sempre relutante em se convencer a ir dormir. Então vinha o ritual proustiano: ela tomava sua mão, "Pise, pise, pise...", ele recorda sua mãe dizendo-lhe, de modo que Vladimir pudesse subir a escadaria de ferro de olhos fechados. "Pise, pise, pise e eu tropeçava, você ria", ele se lembraria numa carta escrita para ela, quinze anos depois. Atracado firmemente à mão da mãe, ia o aprendiz de um metro de altura embrulhado no reino interior de partículas resplandecentes correndo pelas pupilas, protelando a noite por só mais um segundo.

* * *

Seguindo a regra nabokoviana de que a literatura começa não na primeira, mas na metafórica segunda leitura ("curiosamente", ele escreveu, "não se pode ler um livro: pode-se apenas relê-lo"), de vez em quando visualizo Vyra com estranha clareza, uma clareza que provavelmente se afasta — que, talvez, precise *essencialmente* se afastar — das palavras inscritas na página...

Mas quem sou eu exatamente?

Para começar, poderia dizer que nasci ao cabo de 2.500 anos, às vésperas de uma revolta que mudaria — ao menos diante dos meus olhos confundidos — o curso da história. Poupo os leitores dos detalhes de minha infância, mas um pouco que seja eu devo contar: cresci numa família expulsa de uma era presa dentro de uma bola de vidro em desaparição. "Era uma vez, e que vez tão diferente era essa!" tornou-se um tema que me embalava no berço. Apesar disso, devo logo acrescentar, também, que uma verdadeira aversão pela política (na qual me uno animadamente a VN) me impede de elaborar mais acerca dos acidentes da geografia. Bastaria dizer que, nos primeiros dias do tumulto, meu tio foi assassinado. Minha avó faleceu de repente. Minha mãe foi a última pessoa a ser chamada na interminável lista de espera para o último voo dali para fora, em um aeroporto convulsionado pelo medo. Naquela noite, as fronteiras foram fechadas, e do avião ela viu seu país desaparecer silenciosamente diante dos seus olhos. Eu e meu pai, por acaso, já estávamos fora e nunca mais voltaríamos.

Tivemos sorte de sobreviver, no entanto um mundo minguara. Tal final chegara apenas um ano após o meu nascimento. E, embora possa lhes garantir que não sou nem pessimista nem um caso clínico de paranoia, cresci firmemente consciente de um esquema insidioso do destino: tudo que eu encampava parecia anunciar o fim de algo maior e mais importante. Lugares que visitava, instituições que frequentava, figuras com quem cruzava, pareciam todos na iminência do declínio (ou absoluto esquecimento), logo após uma longa idade de ouro que eu por pouco havia acabado de perder, ou assim eu o sentia. No que se refere a padrões pessoais — e padrões, vejam bem, importavam muito para VN —, o meu era o de começar pelo fim.

Então, seria minha obsessão por Nabokov um corolário da nostalgia? O sentimento específico da perda brotava de um passado em colapso? Era a textura da voz de um romancista exilado de seu país e da língua materna o que me convidava a buscar abrigo em seu universo?

Nos primeiros anos de minha adolescência, encontrei por acaso três livros extraordinários. Três livros com os quais deparei várias vezes nas poltronas de brocado vermelho-escuro da minha mãe: *Fala, memória*; *Ada ou ardor: crônica de uma família; Lolita, ou a confissão de um viúvo branco.* Sabia que minha mãe tinha insônia quando era criança, e lia a noite inteira buscando dispersar suas angústias. "Você gosta desse livro?", perguntei, intrigada pela adolescente nua na capa de *Ada ou ardor*. "É um dos romances mais *luminosos* que já li. Mas ainda não é para você", ela respondeu, causando-me uma curiosidade furiosa, abrandada apenas pela minha ignorância da língua inglesa. Dei um jeito de conseguir um exemplar em tradução, é claro, mas as primeiras páginas provaram ser intransponíveis. Pois então, afinal, havia eu de esperar, e uns bons anos. Mas no intervalo dessa espera, minha mãe lia em voz alta, traduzindo para mim partes de *Fala, memória*, que, francamente, e às vezes devastadoramente, lembravam a própria infância dela. Os bosques de abetos azuis diante de uma laguna do mar, o glorioso interior no verão, seus avós, que vez e outra tinham visitado a Rússia na primeira década do século XX, em outro mundo cuja aparência parecia lhe ser tão remota e misteriosa quanto seria eternamente irreal para mim mesma.

Quando minha vez de ler VN chegou, a nostalgia já tinha dado um passo para longe: ela pertencia à minha mãe. Meus próprios ouvidos estavam sintonizados no puro encantamento de sua prosa, que me cantava com línguas que eu sabia serem as minhas. Dessa forma, minhas leituras foram feitas na lentidão de sonho — semanas, meses gastos decifrando um livro, perambulando ao encontro de mais outro. Ia a cada página, frequentemente a cada frase, lida e relida por essa maníaca em formação, com olhos arregalados e pouco a pouco mais brilhantes. De toda parte, parecia, brotavam frases tão novas e, no entanto, de certo modo já sussurradas numa dobra distante no tempo, sob uma sombra treliçada.

Visualizar com estranha clareza... uma clareza que provavelmente se afasta — que, talvez, precise *essencialmente* se afastar — das palavras inscritas na página.

Dia. Uma tarde russa no meio do verão. As partidas de tênis no novo parque de Vyra, cerca de 1910. Uma quadra castanha retida entre pinheiros muito altos. "Jogue!", Elena Ivanovna, a mãe de VN, grita, de sua linha branca de giz. "*Igraite!*", ela rebate trajando um vestido longo. Talvez até esteja usando um chapéu. Seu parceiro é sempre Vladimir. Mãe e filho predileto em dupla contra Sergey, o esguio irmão mais novo, e seu pai, o estadista liberal Vladimir Dmitrievich Nabokov. Ocasionalmente, Vladimir e Elena discutem por causa de um saque fraco, de uma bola cruzada. Ao redor deles, o silêncio tremulante do parque — uma formidável câmara de eco para o baque surdo das bolas pulando, das pisadas nas disparadas abruptas. Suas gargalhadas, como vagas de calor, irradiando ondulações por sobre o amarelo das acácias em flor. (De fato, a quadra inteira tornava-se "um pequeno intervalo brilhante no parque, distante quinhentos metros — ou cinquenta anos de onde agora estou.")

"Um pequeno intervalo brilhante no parque."

Numa noite chuvosa, Vladimir vai de bicicleta até a beira de Vyra, estrada acima rumo à vila de Gryazno. Sua bicicleta deixa marcas na sombra transparente. Seus pés brancos, calçando sandálias, vão salpicados de lama. Fios de água correm nuca abaixo. Ele franze o cenho imperceptivelmente, apertando a boca fina. Há uma tília do lado esquerdo do caminho, exatamente no lugar em que seu pai pediu a mão de sua mãe em casamento, nos últimos anos do século XIX. E, enquanto ele pedala passando pinheiros escuros e arvoredos de abeto, barulhos se misturam começando a brincar em sua cabeça. Pingo. Raio. Gota. Brilho. Ele pedala passando uma isbá desmantelada, uma carruagem enferrujada (os cavalos sumidos), e quando a chuva engrossa, ele para por um momento sob um abrigo de madeira ao ar livre. Respira, a boca agora levemente aberta para tomar a água dos riachos que passam a seus pés, o murmúrio do parque ao longe e o odor fugaz dos pinhos molhados. Plic, ploc.

Em certos dias, quando não estou pensando em mais nada, quando aguardo a aparição de alguém numa ruazinha lateral de uma cidade estrangeira, quando estou viajando por regiões vastas, quando estou prestes a pegar no sono — por uma fração de segundo tenho a sensação de inalar a terra molhada de Vyra, no fecho daquela tarde chuvosa. De alguma maneira é como se já tivesse visitado aquele parque ancestral, no fim de uma frase, no mar alvo para além dos sinais negros de sentido.

Uma brisa de luz. A manhãzinha chegando com preguiça, a seu próprio tempo. No primeiro andar, a sala de jantar em Vyra, com suas portas-janelas esculpidas numa fachada verde-claro, e as madressilvas espiando pela varanda. O estalar e o tilintar dos talheres. Uma gota de mel escorrendo pelo bojo de uma tigela de porcelana azul, como uma lagarta sonolenta. Vladimir apanha mais uma colherada cheia e assiste ao mel esticar-se languidamente da prata aérea à torrada com manteiga. Meio século depois ele ainda vai se lembrar desse brilho translúcido. A felicidade distraída numa manhã de juventude.

> Uma
> breve fresta
> de luz
> entre
> duas
> eternidades
> de trevas...

Ah, mas "o tempo, tão vasto na primeira encarnação, era uma prisão", VN escreveria. "A prisão do tempo é esférica e sem saída." Ele era um autointitulado cronofóbico correndo rumo ao abismo, em ritmo cardíaco de quatro mil e quinhentos batimentos por hora, dolorosamente ciente de estar na cola do próprio tempo.

Entretanto, na medida em que o tempo dispara, Vladimir registra o olhar de sua mãe voltado para seu mundo em desaparição. "Amar com toda a alma e deixar o resto ao fado..." Esta seria sua lição. "'*Vot zapomni* [agora se lembre]', ela dizia, como se tramasse, enquanto chamava minha atenção para isso ou aquilo adorado em Vyra — uma cotovia subindo pelo céu de branco coalhado, num dia enfadonho na primavera, relâmpagos tirando fotos de um distante perfil de arvoredos à noite, a paleta das folhas de bordo num chão de terra marrom, pegadas de passarinho na neve recente."

Agora se lembre.

CAPÍTULO 3

A FELICIDADE, OU AO MENOS PARTE DELA

(Onde o escritor sente-se terrivelmente enamorado e o leitor revela-se uma espécie de detetive)

mpregnado na vida de VN, o primeiro amor iria suscitar os mais vívidos flashes de reminiscência.

As garotas de *Fala, memória*... Havia Zina, a "amável, bronzeada, mal-humorada" Zina ao pé do mar em Biarritz. Colette, a colega de praia de nove anos, com a qual Nabokov fugiu, com uma moeda de ouro e a rede de borboletas na mão, para dentro de um cinema proibido. Havia certa garota americana, em Berlim, que lhe apareceu numa noite, de patins, e foi imediatamente apelidada de "Louise", muito embora permanecesse sempre anônima. (A expressão de Vladimir na noite em que a reconheceu desfilando com acessórios berrantes num palco de salão de música para lhe arrasar sua fantasia de solidão recatada.) Na Rússia havia Polenka, a filha do cocheiro-chefe em Vyra, de pé ao lado de sua isbá, encarando o pôr do sol enquanto ele passava de bicicleta. Sem jamais ter se dirigido a ela, apenas observando-a de longe, sua imagem foi "a primeira a ter o poder incisivo, simplesmente por *não* deixar o sorriso morrer nos lábios, de queimar um furo no meu sono e me arrancar de volta à pegajosa consciência sempre que eu sonhava com ela". E houve a estranha tarde em que ele apanhou de relance a sua imagem nua, pulando com graça de menina às margens do Oredezh, perto da velha casa de banhos. Mas então — havia Tamara, que transformou suas antecessoras em prenúncios insignificantes. Carnuda, aveludada Tamara. Tamara dos olhos tártaros invadindo bosques de Vyra com duas coetâneas de olhos arregalados. Tamara, com quem um Vladimir de dezesseis anos certa vez, num pinhal, "despediu-se do tecido da fantasia... provou a realidade".

Seu primeiro vislumbre dela, roubado de um lugar escondido, invisível, não correspondido. "Aquela tarde calada de julho, quando a descobri de pé, imóvel (apenas os seus olhos se mexiam), num bosque de bétulas, ela parecia ter sido gerada espontaneamente ali, entre árvores atentas, na silenciosa plenitude de uma manifestação mítica."

Primeiro sopro. Nove de agosto de 1915, às quatro e meia.

Primeira memória. Sua abundante cabeleira escura. Embora cortada um ano depois, Vladimir irá "sempre lembrar-se dela como primeiro a viu, a cabeleira cruelmente presa por uma trança grossa, dobrada numa volta por trás da cabeça e, ali, amarrada com um laço de seda preta."

"Tamara", ou Lyussya Shulgin

Confusão. Seus encontros marcados no bosque, o jovem tutor lascivo que os espionava por entre os arbustos, um telescópio saliente denunciando-o. A desilusão de um inverno hostil em São Petersburgo (as salas recuadas de museus sem oferecer melhor abrigo que o arvoredo em Vyra). A derradeira vez em que a viu, num vagão de trem interiorano, mordendo uma barra de chocolate. E as últimas cartas dela, nunca abertas, nunca lidas, após a repentina partida de sua família de um porto no sul da Crimeia, em um navio rumo a Constantinopla.

A Tamara original chamava-se Valentina Shulgin, a menina pendurada numa macieira no dia em que o viu pela primeira vez. Vladimir a chamava de Lyussya. E enquanto eu leio sobre Lyussya, e a fabulosa explosão de consciência que ela lhe permitiu, comecei a imaginar se a própria vida de VN não teria se infiltrado por entre sua ficção num grau ainda mais alto do que havia me disposto a acreditar até então. Muito embora até ali eu ainda não pudesse reconhecer tal fato, agora me parece óbvio que naquele instante eu havia embarcado numa jornada de investigação literária que um dia me levaria a escrever este livro.

Por vários anos, retardei a leitura completa de *Fala, memória*. Ficção era a palavra da vez: *Ada, Lolita, O dom, Fogo pálido* (em ordem dissimuladamente reversa). Ante esses mundos eivados de cor, achava que o "eu" biográfico não adicionava quase nada. Ora, quem ligava para as aflições da infância, para o adultério, para o eterno pecado? (Essas inúmeras suspeitas que acossam tantos até hoje... Ah, o detalhe, o vívido, absolutamente perfeito detalhe! A confissão encoberta e verdadeira!) Defender a soberania da ficção era, no final do século vinte, imperdoavelmente passé. Os grandes escritores não podem escrever antes de viver. Quanto a *Vivian Darkbloom*, esse triste inventor de mentiras verdadeiras, ele precisa apenas ser colocado às claras. A literatura fala a verdade. Não a inventa. (Mas agora estou divagando.)

Uma noite de verão, enquanto estava descendo uma rua em Montreux, dei com uma estante de livros americanos cheios de pó. Por hábito, passei a mão pelas lombadas robustas e notei *Fala, memória*, metodicamente disposto na longa prateleira de metal ao lado de *Lolita* e *Ada*. McFate, assim me pareceu, tinha sérias intenções. Um padrão adolescente, triangular, acabava de voltar. Comprei o livro e passei os dias seguintes debaixo dos caramanchões puídos de um jardim público, tendo por únicas interrupções um pingo de chuva ou alguma conversa evitada com uma variedade local de conquistador. O livro que estava tragando era diferente de qualquer outra autobiografia que eu havia lido antes. Era um volume atraente de catorze capítulos e um apêndice excêntrico; não parecia registrar o pulso regular de uma vida, ou listar detalhes íntimos, por simples apreço ao tédio. *Fala, memória* era tão sensualmente atraente quanto uma obra de ficção. Nenhum monumento vazio em homenagem ao passado, e, sim, uma busca por seus esquemas invisíveis à primeira vista e, no entanto, pontilhados com a maior leveza pela textura do tempo. Dava testemunho da vida como uma obra de arte em curso, desconhecida pelo indivíduo ansioso, porém apanhada pelo artista em sua visão retrospectiva. "O acompanhamento de tais esquemas temáticos ao longo de uma vida deveria ser, penso eu, o verdadeiro propósito da autobiografia", Nabokov escreveu. *Fala, memória* destacou-se na minha cabeça como um volume singular nas bibliotecas da chamada não ficção — ao mesmo tempo, era um espelho e uma lente surpreendente através da qual as ideias fixas que eu tinha, sobre as reflexões entre a literatura e a vida, foram pouco a pouco postas de pernas para o ar.

"As primeiras e últimas coisas frequentemente tendem a possuir um toque adolescente", VN escreveu na abertura do livro. Em primeiro e último, um fio carmim. A memória do seu primeiro amor rondando suas composições até a última.

Pois aí vem ela, Lyussya, com suas várias máscaras, deslizando nas lâminas de vidro da ficção, nunca exatamente a mesma, nunca exatamente outra. Machenka, o evanescido primeiro amor de um passado desintegrado. Tamara, pisando numa clareira pontilhada de borboletas capa-de-luto. Annabel, segurando o "cetro da minha paixão" do adolescente Humbert num recluso bosque de mimosas na Riviera francesa. Ada, pálida de cabelos escuros, tagarelando extasiada na sua bicicleta com farol à luz de carbureto, à medida que pedala adiante no crepúsculo do parque de Ardis. "Um toque adolescente..." Assim também é Lyussya, que, recapturada pelo versátil prisma da memória, habita a imaginação de VN com aquele brilho permanente. O vibrato das primeiras coisas. O damasco arredondado de uma boca ardente. A curva flexível de uma coxa. Ele a possuía sempre em plena luz do dia, entre os pinhais de Vyra. Ou então na propriedade vizinha, às margens do rio Oredezh — na casa de campo de tio Vasily, sob velhos limoeiros onde Vladimir se encontrava com Lyussya em noites chuvosas.

No entanto, de volta a São Petersburgo, na primavera de 1916, Vladimir percebeu, pelos olhos mais agudos de Lyussya, que os ardores do seu primeiro verão juntos jamais seriam reavivados. Ele havia escrito, em homenagem à sua musa cheia de curvas, uma pilha de poemas piegas, parte dos quais fora publicada em São Petersburgo à despesa do autor. Porém, tão logo Lyussya os leu, notou um detalhe incômodo que havia escapado a ele. "Ali estava a mesma falha agourenta, a banal nota vazia e sugestão loquaz de que nosso amor estava fadado a falhar desde o início, já que não poderia recapturar o milagre dos seus momentos iniciais, o ruflar e o ímpeto daqueles limoeiros na chuva, a compaixão do interior selvagem."

O inverno anterior na cidade havia dado lugar a um mundo pálido e minguante, que, mais tarde, revisto pelas longas lentes do exílio, pareceria por sua vez ser o resto lúcido daquele primeiro verão, ressoando ainda agora com o rumor contínuo das coisas perdidas. Um faixa acobreada de luz do sol no final da tarde; o repique de uma risada adolescente; uma coluna caiada de branco no solar de tio Vasily (a última de todas, bem no fim e à esquerda); um rio volúvel, entreouvido durante uma incursão solitária nos bosques de abeto da velha Rússia; um banquete ao ar livre numa aleia de pinheiros azulados; um piquenique de conto de fadas, no qual as crianças chegam num charabã; e "o arrebatamento da identidade dela".

Avançamos e fazemos uma parada. Os primeiros verões da ficção.

Enquanto escrevia o parágrafo anterior, comecei a me lembrar das primeiras frases de *Lolita*: "Não poderia ter havido Lolita se eu não tivesse amado, num verão, uma certa menina inicial. Num principado à beira-mar." Annabel, a Lolita primeva na vida de Humbert. A menina morta, cuja Dolly Haze, apanhada vinte e quatro anos mais tarde, tomando banho de sol na grama, convoca de volta num suspiro. "E então, sem qualquer aviso, uma onda azul ergueu-se por baixo do meu coração e, sobre uma esteira de palha numa poça de sol, seminua, ajoelhada, girando sobre os joelhos, lá estava meu amor da Riviera a me examinar por cima dos seus óculos escuros." Vinte e quatro anos eliminados pela astúcia do tempo.

Lembrei-me do primeiro dia em que Van põe os olhos em Ada. Ela não passa de uma "menina de cabelos escuros com onze ou doze anos", descendo de uma carruagem com a mãe, na entrada principal de Ardis Hall. Sua primeira imagem de Ada (ou melhor, a maneira como ele se lembrará dela, segurando flores recém-colhidas): "Ela usava um vestido branco com uma jaqueta preta e tinha um laço branco no cabelo longo. Ele nunca mais viu aquele vestido e, quando mencionava isso numa evocação retrospectiva, ela invariavelmente retrucava que ele devia ter sonhado, ela nunca teve um vestido assim, nunca poderia ter posto um blazer escuro num dia tão quente, mas ele se aferrava à sua primeira imagem dela até o fim." Aquela memória inaugural, flagrantemente real ou distorcida oniricamente, fixada de vez na imaginação de Van.

Não creio que os romances de VN sejam transcrições de seu passado, porém eles sem dúvida recapturam a luz duradoura daquele primeiro verão. Aquela explosão única da consciência, que continuou a reverberar através de sua vida. Como filamentos de memória amalgamando-se em feixes imprevisíveis, onde a felicidade — ou pelo menos parte dela — é uma variação da lembrança.

Experimentando a felicidade

CAPÍTULO 4

UMA EXPLOSÃO DE FELICIDADE

(Onde o escritor fala da única coisa verdadeira
no mundo e o leitor fica um tanto falante)

*onsciência é a única coisa verdadeira no mundo e o maior de todos os mistérios!*

São fios de luz num manto de escuridão; uma íris brotada gêmea; uma Eva de carne e pó; um tordo cantarolando por sobre o cinza de uma manhã de novembro; o resplendor de uma gargalhada rasgando o tecido da noite; um esquife fantasmagórico em águas verde-claras; a simetria minuciosa de um floco de neve.

Como é pequeno o cosmos (a bolsa de um canguru o suportaria), como é reles e insignificante em comparação à consciência humana, a uma única memória individual e sua expressão pelas palavras...

...à brancura dos dentes de um homem apodrecendo numa poça de sangue; ao odor úmido de uma tardinha de verão; a uma bolha de luz solar faiscando numa maçaneta de bronze; às asas castanhas de uma mariposa-tigre; a uma pupila dilatando-se à meia-luz; a um fio de carmesim aberto na alvorada; ao anteparo do sono.

A consciência é uma mensagem rabiscada no escuro.

É uma cavidade de luz; um vaga-lume perseguindo a escuridão como um sonho; o brilho de uma ametista sobre a pele translúcida; um punhado de areia cintilante; uma farpa de angústia; a estridência de vidro partido; o tempo tornado Eu.

Aquela janela súbita abrindo-se para uma paisagem ensolarada...

...uma borboleta *Spring Azure* estalando em pleno voo; uma galeria de espelhos transparentes; o tapete mágico de um poeta louco; palavras dando forma a criaturas vivas; o murmúrio de águas que sobem; uma lamparina escorando-se contra a noite; olhos verde-mar empoados; o tormento de uma agonia numa ponta de agulha de luz.

O mundo inteiro não passa de *um universo abrangido pela consciência. Os braços da consciência se lançam e tateiam, e quanto mais longos eles forem, melhor.*

CAPÍTULO 5

UM RESUMO DAS ALEGRIAS DE SEIS CHAPELEIROS MALUCOS

(Onde o escritor e outros se apaixonam loucamente e o leitor cai no sono)

*ove* — o amor, esse arabesco claro-escuro do universo nabokoviano.

No entanto, infelizmente, todos os amantes felizes são mais ou menos diferentes; todos os infelizes são mais ou menos iguais. (Estou parodiando não apenas um, mas dois grandes escritores russos.)

Aos olhos de VN, a felicidade no amor pede uma singularidade incondicional. De modo que, nas três histórias que se seguem, reais ou imaginadas, vocês podem apanhar as mais raras pistas para a *felicidade peculiar*, em itálico.

O AMOR LEGALMENTE LOUCO

Depois que Zina, Colette, Louise, Polenka e Lyussya desapareceram no crepúsculo da sua juventude, nas ruas apressadas de São Petersburgo e Berlim, Vladimir "começou uma fase extravagante de sentimentalismo e sensualidade", durante a qual ele aparecia como se fosse "uma centena de jovens diferentes ao mesmo tempo, todos indo atrás de uma moça inconstante, numa série de relacionamentos simultâneos ou sobrepostos... com resultados artísticos bem parcos".

Porém, na noite de 8 de maio de 1923, Vladimir aproximou-se de uma mulher chamada Véra Evseevna Slonim numa ponte em Berlim. Tinha sido ela quem o convidara para aquele encontro na ponte. Ela trajava uma máscara negra, admirava sua poesia, tinha memorizado seus versos. Ele provavelmente nunca havia visto o rosto dela e, imaginando-o esperançoso, observava o perfil de lobo daquela máscara emergir da escuridão.

Na primavera de 1925, ele se casou com ela e logo elogiou a "veracidade radiante" do amor nupcial, numa carta à sua irmã Elena. Em 1937, ele teve um caso em Paris com uma beldade russa e czarista, que buscou ansiosamente casar-se com ele. No entanto, muito ao contrário das criaturas sexuadas dos seus romances, a "ave-do-paraíso" da literatura russa de emigrados sofreu um ataque terrível de psoríase, e chegou a contemplar o suicídio. Véra recebeu uma carta anônima denunciando o caso. Se ele estivesse apaixonado, ela lhe disse, deveria deixá-la. Talvez ele estivesse. Mas não a deixou. De fato, dali em diante eles praticamente não se separaram mais um do outro.

Volodya, como ela o chamava, adorava a excepcional memória de Véra, seu russo maravilhosamente preciso. Ele se deleitava com o seu senso de humor astuto. Ela representava sua noção do feminino "ao enésimo grau". Muito embora tivesse brevemente traduzido Poe, não praticava a tradução; ele, por sua vez, era "francamente homossexual no que se refere aos tradutores". Ela nunca havia alimentado aspirações literárias próprias; ele não dava nada pelas "damas escritoras". (O que ele pensaria de uma pretensa escritora perigosamente nabokoviana, eu me arrepio só de imaginar.) Depois que se casaram, Véra, uma arquivista incansável do trabalho do marido, não guardou uma única página das traduções que publicara em sua juventude. (Teria ela escrito alguma coisa por conta própria se não houvesse se casado com Vladimir Nabokov? Imagino que isso não venha ao caso.) "O ciúme mais cortante de todos", VN escreveu numa carta informando sua família de que iria se casar, "é aquele entre duas mulheres, e também aquele entre dois literatos. Mas quando uma mulher sente inveja de um literato, isso pode resultar em H_2SO_4 [ácido sulfúrico]". Basta dizer que Véra considerava seu marido, com plena convicção, o maior escritor de seu tempo. Assim (pois deve ter sido um "assim") ela atuou contente no papel de:

ESPOSA

AMANTE

VIGIA

LEITORA

ASSISTENTE

DATILÓGRAFA

AGENTE

MOTORISTA

GUARDA-COSTAS

PARCEIRA NO XADREZ

BANQUEIRA PARTICULAR

GÊNIO PRÁTICO ETC.

Nos Estados Unidos, adquiriu uma pistola Browning calibre .38, com permissão de porte e uso, que guardava numa caixa marrom. Era cautelosa e reservada. Discreta e sofisticada. Tinha uma aura impressionante, os prematuros cabelos brancos brilhando por sobre suas feições sempre joviais.

VN dedicou, muito generosamente, a maioria dos seus romances a Véra. "E o retrato dela foi frequentemente reproduzido por algum meio misterioso de cores refletidas nos espelhos internos de meus livros." Mas sua modelo ela não era. Em 1958, quando viajava com o marido na turnê publicitária de *Lolita*, uma manchete ponderou: "Madame Nabokov é trinta e oito anos mais velha do que a ninfeta *Lolita*." (Incidentalmente, Véra salvou os originais com o esboço de *Lolita*, que Nabokov pretendia jogar no incinerador do jardim: "Esse nós vamos guardar", ela disse.)

Não importasse o quê, ela permanecia objeto de especulações bizarras, por vezes como pretexto, contraponto ou manequim. "Fico aborrecido quando pessoas que nunca conheci infringem minha privacidade com suposições falsas e vulgares — como, por exemplo, o sr. Updike, que num artigo, de resto tão astuto, sugere de modo absurdo que minha personagem ficcional, a aporrinhadora e lasciva Ada, é, e eu cito, 'em uma ou duas dimensões, a esposa de Nabokov'." Para Matthew Hodgart, depois de uma resenha no *New York Times*, VN respondeu: "O que diabos, meu caro, o senhor sabe a respeito da minha vida conjugal?"

12 + 38

Para os Nabokov, o casamento era um santuário fechado, suspenso por sobre o abismo da eternidade. Uma falange de dois. Um hífen invisível tecendo cada uma das suas palavras, aparecendo, de alguma forma, quando menos se espera. Pois, de repente, ali estava ela, com sua máscara translúcida, galopando pelas quietas raias de uma linha, o discreto "você", de *Fala, memória*, surgindo delicadamente no giro de uma frase, do décimo quinto e último capítulo: "*Rápido, rápido... os anos passam, minha querida, e agora ninguém vai saber o que eu e você sabemos.*" Eis o seu marco de silêncio.

Em 1961, os Nabokov se mudaram para o hotel Montreux Palace, na Suíça.

Não sabemos nada a respeito de sua vida privada. Exceto que dormiam em quartos contíguos. Talvez ele caminhasse na ponta dos pés ao dela. E, tarde na noite, ele a veria deitada, nua, indolente, com os olhos cinza-azulados erguidos ao céu. Então, silenciosamente, ele despareceria de novo na bruma escura de seu próprio quarto.

Sabemos dos seus sonhos. Como os sonhadores gêmeos em *Ulisses*, de vez em quando os Nabokov sonhavam juntos. "Médicos sugeriram que às vezes nós fundíamos nossas mentes ao sonhar", ele escreveu num conto. E também acreditava, como Van Veen formularia anos depois, no "sabor precógnito" dos sonhos. (Aí, entre sombras matizadas, podemos entrever o futuro, "espiar o revestimento do tempo".) Ao longo de vários meses, VN registrou e etiquetou seus sonhos, como se alfinetasse borboletas aturdidas: russos, cataclísmicos, eróticos, literários, precógnitos. Os sonhos de Véra eram tingidos de certa ansiedade muda. Ela sonhava com fronteiras proibidas e fugas a pé (seu filho agarrado ao peito). Ou, então, escorregava devagar através das pranchas de madeira afrouxadas sob seus passos.

Numa noite de inverno em 1964, sonharam juntos com a insurreição soviética.

Numa carta a Véra, naquele mesmo ano, Vladimir havia escrito: "Você sabe, somos muito parecidos. Nas cartas, por exemplo: ambos adoramos (1) inserir discretamente palavras estrangeiras, (2) citar nossos livros favoritos, (3) traduzir as sensações de um sentido (a visão, por exemplo) em impressões de outro sentido (o sabor, por exemplo), (4) pedir desculpas ao fim de alguma bagatela imaginária, e de muitas formas."

Ele e você

O AMOR DESEQUILIBRADAMENTE LOUCO

Lembro-me de uma paisagem no Mediterrâneo, mais de uma década atrás. A longa silhueta de um cipreste dando as costas para a parede de tijolos de nossa casa, rivalizando até o meio-dia com os caules espinhosos dos arbustos de alcaparra. Após noites curtas e tempestuosas, pequenas poças espalhavam fissuras na grama. A luz refletia na água como escamas escorregadias. Eu estava sentada numa cadeira de vime branco, me esforçando com dedicação pelas páginas de *Lolita* pela primeira vez. Permanecia quieta, em meu desbotado maiô vermelho, enquanto o primo de minha mãe (um dublê versátil de VN), paleta à mão, olhos só levemente abertos, pintava uma aquarela daquela manhã. O desenho desapareceu anos depois, mas o que permanece hoje, dispersos nas páginas de meu exemplar de *Lolita*, são as marcas de loção de bronzear e um labirinto de círculos traindo a quantidade de palavras em inglês que eu não sabia. Incômodas que fossem, aquelas palavras brilhavam na página como pistas plantadas por um astuto ilusionista, murmurando ao meu ouvido que desenrolaria seu tapete mágico tão logo eu apanhasse aquele dicionário afundado indolentemente na grama.

Mas o sol se movia para fitar a terra nos olhos e, quando alcançava o zênite, eu cochilava sob um mormaço crescente... *Lalita Lili Lilita Lilola Lilota Litola Lola Lolita Lenta Lolla Lollapalooza Pirulolita Lolopa Lolly Lolenta Piro-Lolita...* Na semiconsciência dos sonhos diurnos, os *lis* e *las* misturavam-se ao zunido de uma vespa afogando-se num copo, assim como a minha própria cadeira começava a inclinar-se para adiante, em câmera lenta. E lá ia eu escorregando rumo a...

Era uma vez uma menina arruivada, "cheirando aos pomares da ninfetolândia". Ela vivia num jardim musgoso, entre donzelas pubescentes. Tinha, entre várias outras virtudes, uma nuca macia, voz estridente e um vocabulário primitivo: "'asqueroso', 'super', 'delicioso', 'brutamontes'".

Quando um "belo e alto exemplar de hombridade hollywoodiana" mudou-se para a casa de sua mãe, ela ficou inexprimivelmente curiosa e levemente enfeitiçada. Como uma Eva indiferente, ela estirava uma perna por cima do seu colo, sorria com cintilação metálica, afundava os dentes numa maçã vermelha.

E, ah, se o velho Humbert Humbert não amava sua Lo, sua Lola, sua adorável Dolores Haze, desde aquela gloriosa primeira manhã em que ela se estirou em seu tapete de grama, em seu mar de luz solar. Seu amor de adolescência recapturado, e redimindo cada um dos demais. Para sempre o seu amor, naquela concha brilhante, curvada sobre a grama matinal, para sempre tremendo nas suas veias.

Pois logo, tão logo, ela deixaria de ser uma moleca. Seus seios e nádegas iriam se alargar, suas feições delicadas inchariam. (Transmutada!) Ela seria simplesmente Dolores Haze, e não apenas na linha pontilhada. Nesta terrível ampulheta, condenada ela estava. "Completaria treze anos em primeiro de janeiro. Dali a mais ou menos dois anos deixaria de ser uma ninfeta e se transformaria numa 'jovem' e, em seguida, numa 'universitária' — esse horror dos horrores."

Não passaria ele de uma aberração demoníaca? "Não somos monstros sexuais! Enfaticamente, não somos assassinos. Poetas nunca matam", ele implorava, desabotoando um sorriso sardônico por trás da página, como a breve empáfia do gato de Cheshire. Humbert alegava com orgulho certa linhagem nobre de homens do Velho Mundo "loucamente apaixonados". Dante com a sua Beatriz (aos nove anos), "uma menininha exuberante, pintada, adorável e coberta de joias, num vestido carmesim, e isso ocorreu em 1274, em Florença, num festim particular no ditoso mês de maio". Petrarca com a sua Laura (a gêmea de Lo no século XIV), "uma ninfeta loura de doze anos que corria contra o vento, no pólen e na poeira, na linda planície que se divisa das colinas de Vaucluse".

Para ir direto à questão, Humbert casou-se com a mãe de Lolita por motivos urgentes e pragmáticos. E essa mãe foi atropelada por um carro numa tarde chuvosa. Daí, Humbert precisava apenas apanhar Lolita na colônia de férias. Porém — atenção ao revés —, não foi ele quem a seduziu, mas ela, às seis e quinze da manhã, para ser precisa, no hotel Caçadores Encantados. Ela tinha aprendido umas coisinhas na colônia. Ele nunca teria imaginado (ao menos, não imediatamente), mas, eis a questão, ela tinha sussurrado a ideia ao pé de seu ouvido pegando fogo. E, súbito, eles passaram a ser "tecnicamente amantes".

De motel em motel, na estrada, atravessaram o país. (Champion, Colorado! Phoenix, Arizona! Burns, Oregon!) Ele fazia planos e sonhava. Ele a amava freneticamente. Enquanto ela, a menina diabrete, era "cruel e cavilosa" para com o "desesperado e moribundo Humbert", tão passível de períodos de "desespero e meditação furiosa". Ela era temperamental. Beliscava-o. Bateu nele com uma forma de sapato. Barganhava cada acesso dele ao seu deslumbrante paraíso. Ele a presenteou com um par de binóculos e quadrinhos, Coca-Cola e uma capa de chuva transparente. Mas em vez de seu "país das maravilhas", ou, melhor dizendo, em vez da "humberlândia", ela preferia "os filmes mais melosos, a calda açucarada mais viscosa". Pior ainda, "entre um Hambúrguer e um Humbúrguer ela fosse — invariavelmente, com uma precisão gélida — preferir sempre o primeiro. Não existe crueldade mais atroz que a de uma criança adorada".

Eles também tinham suas diferenças. Ela gritava e xingava e chorava. Em certas noites glaciais, "icebergs no paraíso", ele era tomado pelo "remorso, a doce pungência de uma reparação soluçada, de um amor rastejante, a desesperança de uma reconciliação sensual". Ele esbanjava beijos atenciosos. Acariciava-lhe os pés amarelados. Lambia suas pestanas salgadas. Embalava-a até que dormisse. "Eu te amava. Não passava de um monstro pentápode, mas te amava. Fui desprezível e brutal, e torpe, e tudo o mais, *mais je t'aimais, je t'aimais!* E houve momentos em que eu sabia como te sentias, e a consciência disso era um inferno, minha pequena. Garota Lolita, brava Dolly Schiller."

Porém, Lolita fazia jogo duplo. Tinha um segundo amante que os seguia como um fantasma naquela estrada traiçoeira. Dublê astuto, o outro deixava pistas obscuras no registro dos motéis: "Will Brown, Dolores, Colo.", "Harold Haze, Tombstone, Arizona", "Ted Hunter, Cane, NH". Até que, num dia funesto, o arquirrival de Humbert apanhou e levou de vez a sua Carmen para bem longe.

Três anos se passaram. Humbert chafurdou na agonia. Então, um dia de manhã ele recebeu uma carta de Dolly Schiller, agora casada e grávida, pedindo um pouco de dinheiro. Ele prontamente se dirigiu ao casebre dela, em Coalmont. Abriu a porta vagarosamente... "E lá estava ela com a beleza arruinada e as estreitas mãos adultas de veias engrossadas, os braços brancos arrepiados, e as orelhas rasas, e as axilas malcuidadas, lá estava ela (minha Lolita!), definitivamente acabada aos dezessete anos... *e eu não conseguia parar de olhar para ela, e soube tão claramente como sei agora, que estou prestes a morrer, que a amava mais que tudo que já vi ou imaginei na Terra, ou esperei descobrir em qualquer outro lugar.*"

Aí está a adorável, desditosa, medular música de uma duradoura (e desequilibrada) paixão.

A história acaba com um momento bastante literal de justiça poética (Humbert executa a vingança de seu rival multiforme), e algumas frases delirantes de ternura resoluta escritas pelo criminoso em sua ala de detenção. "Lolita, luz da minha vida, fogo da minha carne. Minha alma, meu pecado."

A nota prefacial de um dr. John Ray Jr., ph.D., havia nos advertido devidamente. Lolita faleceu de parto. Todos os casamentos são uma impostura e as esposas sufocadas, só uma ninfa permanece. Lolita sozinha. Envolvida pela armadura de palavras de um homem louco.

O AMOR LETALMENTE LOUCO

"*Lolita* não traz a reboque moral alguma", Nabokov declarou categoricamente. Do espelho convexo de romances, acreditava ele com fervor, não se pode extrair nenhuma moral. Não se pode aprender nenhuma lição. Uma obra literária é a obra-prima de um maníaco, um jogo na arte do arrepio, um Éden recriado em que Deus não mais habita e o amor primordial é permitido. No fundo, VN escreveu, a ficção existe "na medida em que me proporciona o que chamarei sem rodeios de prazer estético, isto é, a sensação de que de algum modo, em algum lugar, está conectada a outros estados da existência em que a arte (a curiosidade, a delicadeza, a gentileza, o êxtase) é a norma". O que realmente importa é a plenitude de sentir e ver — um pé descalço na grama úmida, uma cobra verde enrodilhada numa bacia, uma boca curvada por sobre o desejo cheio de pormenores de um amante.

Quando li meu segundo romance de VN, *Ada* (bastante à vontade, na cama, os dedos dos pés abertos, os cotovelos para fora), de vez em quando punha o livro de lado e me esforçava para visualizar suas figuras de luz e sombra.

Esta é a história que vi, e ouvi.

Ada. Van. Vaniada. Nirvana. "*Da*", em russo, "sim", sussurrado naquele primeiro verão entre os arvoredos do parque de Ardis. A plenitude de "da", contida em Ada, pronunciada "à maneira russa, com dois profundos 'a's sombrios". O espanto adolescente de Van e Ada fazendo amor na névoa de velas da sala de estudos, na noite da Queima do Celeiro, quando a família inteira havia fugido. Van e Ada, catorze e doze, respectivamente. Primos de primeiro grau, em breve irmãos, filhos de Demon e Marina, num planeta gêmeo chamado Antiterra. ("INCESTO!", as letras haviam mostrado decisivamente num jogo de Flavita.)

Nos seus dias de aurora com a precoce Ada, Van tinha sentido "tamanha ausência de luz e um véu de sombras que força nenhuma jamais iria superar ou atravessar". No lado inferior desse vazio estava sua pálida prima, com "a pele impermeável e voluptuosa... seus movimentos angulares, seu odor de gazela, a súbita contemplação negra de seus grandes olhos, a nudez rústica sob o vestido", tão perfeitamente estranha, tão carinhosamente familiar. O reflexo de dedos longos, a miraculosa simetria de marcas de nascença... Como ele a desejava! E sonhava tocar o espelho ondulado, a estranheza natural dela.

E, claro, ele a seduziu. Em sótãos e bosques, ele provou de seu pecado, da sua alma e da sua irmã. Em arvoredos e alcovas, em tapetes e mantas, buscou saciar a comichão que lhe causava sua gêmea demoníaca. E o tempo perdeu uma das palpitações de sua cadência, a "realidade" era abandonada. "Não seria suficiente dizer que, ao fazer amor com Ada, ele descobria a aflição, *ogon'*, a agonia da suprema 'realidade'. A realidade, melhor dizendo, perdeu as aspas que usava como garras... Na duração de um espasmo ou dois, ele estava a salvo. A nova realidade nua não necessitava de tentáculo ou âncora; durava um instante, mas podia ser repetida tanto quanto ele e ela fossem capazes de fazer amor." Não mais o fato e o tema dos dias a se desdobrarem, o balbucio e o hábito de sempre, mas agora, sim, um plano mais alto de realidade, informado pela essência sublime de Ada.

No entanto, no jardim das bem-aventuranças de Van e Ada, nos "pomares e orquidários" de Ardis, no paraíso verde-maçã em que "mesmo excêntricos oficiais de polícia se deixavam enamorar pelo glamour do incesto", apenas uma sombra assomava. Um menina ruiva, uma criança enfastiada, uma meia-irmã lamuriante, três anos mais jovem que Ada.

As irmãs Veen, de forma muito leve, se assemelhavam: "Em ambas, os dentes frontais eram um pouco grandes demais e o lábio inferior, muito cheio para o belo ideal da posteridade em mármore; e porque seus narizes ficavam permanentemente entupidos, ambas (principalmente mais adiante, aos quinze e doze anos) pareciam de perfil um tanto sonhadoras e espantadas." Ao contrário da "penugem escura" de Ada, as axilas de Lucette "mostravam um leve pontilhado claro e seus flancos eram polvilhados de cobre".

Qualquer coisa ardente que Ada provasse, Lucette desejava ardentemente. Então, naturalmente a pobre Lucette, "uma macedônia de intuição, estupidez, ingenuidade e artimanha", apaixonou-se perdidamente por Van, "o libertino irresistível", incidentalmente, seu meio-irmão. Desde os primeiros dias de verão de Van e Ada em

Ardis Hall que ela, irmã, escapulia, suspeitava e, compulsivamente, espionava. Ela trotava, seguia e tamborilava em portas fechadas. Com uma corda de pular, eles a amarraram numa árvore e desapareceram por entre os arbustos. Eles a colocaram numa banheira e ganharam um tempo a sós na despensa. Eles a persuadiram a decorar poesia e saíram na ponta dos pés rumo ao berçário. "Estamos sendo vigiados por Lucette, que eu um dia vou estrangular", Ada declarou, preventivamente. Lucette logo se transformou numa sombra trêmula, numa íris verde vigiando cada uma das suas escapadelas.

De vez em quando, eles permitiam que ela participasse dos seus passatempos, mas só um pouco. Ela e Ada beijaram Van embaixo de uma árvore. Por sua vez, o animalzinho foi acariciado e Ada fez amor com sua Lucile enquanto Van viajava. (O dilema biológico do "incesto", fique claro, foi solucionado da seguinte maneira: Van era "absolutamente estéril, apesar da sua intrepidez". E Ada bebia livremente do filtro da "pura alegria e inocência árcades".)

Passaram-se anos, as crianças cresceram.

Lucette, agora uma *jeune fille*, para sempre uma *demi-vierge* ("meio *poule*, meio *puella*"), ainda amava Van desesperadamente: "Adoro (*obozhayu*), adoro, adoro, adoro mais que a vida você, você (*tebya, tebya*), sofro insuportavelmente por você (*ya toskuyu po tebe nevïnosimo*)." Van alisava nela "o braço cor de abricó maduro". Mas se recusava a possuir Lucette. Muito embora alegasse admirá-la e considerá-la uma verde "ave-do-paraíso" . Ela tremia de raiva. "Quero Van", ela gritava, "e não uma admiração impalpável...". "Impalpável? Sua tolinha. Você pode conferir, pode tocar uma vez, de leve, com os nós dos dedos, de luva. Eu disse, com os nós dos dedos. Falei, só um vez. Basta. Não posso beijá-la. Nem mesmo o seu rosto ardente. Adeus, meu bichinho de estimação."

Eles fizeram amor, por assim dizer, numa noite quente e abafadiça, em Manhattan, todos juntos. Foi sobretudo Ada e Van que acariciaram sua irmã vermelha como uma raposa. "O fogo da resina de Lucette corre pela noite do odor e do ardor de Ada, e para no limiar da caprina lavanda de Van. Dez longos dedos ansiosos, malvados, amorosos, de dois jovens demônios diferentes acariciavam seu animalzinho de pelúcia desamparado." Lucette se consumia e arfava, mas ela não seria permitida no Éden. Ela era o pássaro dolente condenado a tomar conta do jardim deles. A solitária criatura de olhos verdes apartada da plenitude fraternal.

Numa noite de azul-cristalino, a bordo de um transatlântico, Lucette se declarou a Van. Disse que gostava de pintura holandesa e flamenga, flores, comida, Shakespeare e compras, mas tudo realmente não passava de uma áspera *"tonen'kiy--tonen'kiy* (pequena fina) camada" sob a qual apenas a imagem de Van brilhava no vazio. Naquela noite ela se matou, saltando do navio após tentar seduzir uma última vez o seu meio-irmão. "A cada pancada e salpico de sal branco, frio, ela se contorcia sentindo uma náusea com sabor de anis, e havia cada vez mais, bom, um torpor em seu pescoço e nos braços. Quando começou a perder a consciência de si, achou que era conveniente notificar a uma série cada vez mais distante de Lucettes — dizendo a elas para passarem adiante, numa regressão de contas de cristal — que a morte resultava apenas numa variedade mais completa das infinitas frações de solidão."

Ada e Van foram tomados pela penumbra daquele óbito. Ada disse que não sabia, de fato não poderia saber, que tamanha infelicidade existisse em Ardis. Àquela altura, Demon, o pai de Van e Ada Veen, havia descoberto as tramas do incesto. Ela tinha confessado. Ele tinha confessado. *("No todo, acho que devo ter possuído Ada umas mil vezes. Ela é a minha vida inteira.")* Ada havia casado com um criador de gado do Arizona. Van havia dormido com todas as prostitutas de cada *floramour* de Antiterra. Tinham jurado a seu pai que nunca mais se veriam. Mas, é claro, a seguir à morte deste e à de Lucile, encontraram-se novamente. Ainda se amavam. De fato, amavam-se ainda mais, e esses dias formaram "o cume do seu amor de vinte e um anos: sua complicada, perigosa e inefavelmente radiante maioridade".

Mais adiante na vida, numa manhã de outono, a então viúva Ada exclamou para o velho e rabugento Van, agora com noventa e sete anos e contorcendo-se de dor (aguardando sua dose de morfina): "Ah, Van, ah Van, não a amamos o suficiente. Com *ela* era que você deveria ter se casado, com a que vai sentada de pés para cima, de preto-bailarina, na balaustrada de pedra, e, então, tudo teria dado certo — eu teria ficado com vocês dois em Ardis Hall, ao invés dessa felicidade, que nos foi dada de graça, ao invés disso tudo nós a *provocamos* até a morte!" O rubor do paraíso, a absolvição das trevas e do remorso jazem sob a galeria treliçada de Ardis, e eles não *sabiam* disso totalmente. Mas agora — no "cintilante 'agora'" — sua felicidade crescia contra o pano de fundo de sua hora mais agonizante. E com tal sombra esverdeada em cena, com a crueldade inerente, talvez, à felicidade arrebatadora dos amantes loucos, Ada e Van desaparecem no interior de seu próprio amor extraordinário, de quase um século, "dentro do livro concluído, no Éden ou no Hades, na prosa do livro ou na poesia de seu elogio de capa".

CAPÍTULO 6

A FELICIDADE ATRAVÉS DE UM ABISMO TRANSPARENTE

(Onde o escritor perde tudo o que possuía e o leitor sai pela tangente)

bservando o brilho do lago Genebra numa tarde lânguida, Dmitri sentava na varanda de sua casa, com as feições excepcionalmente austeras, os olhos se ensombrecendo para um azul-escuro. Tal como fazia de vez em quando, ele se referiu a seu pai como "Nabokov" (na pronúncia russa: Na-BOU-kof). "Quais foram as três grandes perdas de Na-BOU-kof?", ele perguntou, em tom estentóreo. O sol estava prestes a deslizar para dentro do lago e as últimas carquejas do dia choramingavam de leve, à medida que desapareciam no horizonte. Imóvel, sentada ao lado de Dmitri, eu tentava registrar os detalhes finais daquele pôr do sol, com a inquietude que se apodera de mim quando estou diante de uma paisagem magnífica ou de uma pintura suntuosa. É uma sensação de opressão, de desamparo, como se eu tivesse sido convocada a fazer um esboço preci-

so e impossível da beleza. Quero apanhá-la numa só pincelada, apreender suas cores, trabalhar com sua textura. Então observo, e observo, e me sinto completamente bloqueada até que, de vez em quando — imprevisivelmente, abençoadamente —, sou convidada a penetrar naquela harmonia. Sua beleza certeira como "uma ilha de felicidade sempre presente no norte claro de meu ser".

Porém, mesmo enquanto divago, deixando de lado a vista do lago e a fusão do sol em favor dos pensamentos que se desatam (preciso ler "Detalhes de um pôr do sol"... Era assim um pôr do sol russo? Um pôr do sol suíço com cisnes azulados aparece ao fim de *Ada*... Será que esse lago era diferente meio século atrás? Teria VN ido até o seu outro extremo? Poderia ser uma ilha aquilo, bem ali, no meio, borbulhando com suas próprias borboletas e mudas de planta? Como eu gostaria de saber todos os seus nomes e distinguir cada lagarta e a seiva das plantas e...), à minha esquerda de repente ouço a voz grave de Dmitri me trazendo de volta ao momento.

INFÂNCIA!

A bordo de um navio de nome *Esperança*, transportando uma carga de frutas secas, dias antes de completar vinte anos de idade, em abril de 1919, Vladimir tinha escapado da Rússia. Pai e filho jogavam uma disputada partida de xadrez no convés, enquanto os bolcheviques disparavam da costa e a embarcação seguia trêmula em direção a um gélido mar azul. Os Nabokov não tinham permissão para aportar em Constantinopla e, em vez disso, desembarcaram em Atenas. Vladimir não veria mais a Rússia. ("Tamara, Rússia, as florestas selvagens progressivamente tornadas velhos jardins... A visão de minha mãe com as mãos e os joelhos no chão, beijando a terra, a cada vez que íamos da cidade ao campo veranear, *et la montagne et le grand chêne*." Uma infância, uma manhã, alegremente jogada ao mar.) Após Atenas, seria Londres, Berlim e a Universidade de Cambridge, onde ele traduziria um dos seus livros favoritos em língua inglesa, *Alice no País da Maravilhas*, como *Anya v strane chudes*. Então, de novo, seria uma Berlim que ele nunca amou, e onde viveria em exílio por catorze anos e meio sem jamais aprender totalmente o alemão. Ao longo de tudo isso, permaneceria sempre sob o encanto do norte da Rússia, das expedições imaginárias, das bétulas prateadas, dos pântanos nevoentos e das borboletas boreais.

PAI!

Três anos após a família fugir da Rússia, o pai de Vladimir foi morto por um membro da extrema direita czarista durante uma tentativa fracassada de assassinato. Em meio a um comício político de russos brancos, Vladimir Dmitrievich atirou--se heroicamente na frente do assassino, evitando que ele acertasse seu alvo, e acabou sendo morto no confronto. Aquela noite marcaria o final da juventude de VN. No apartamento da família, em Berlim, ele vinha lendo versos de Blok para a sua mãe — versos comparando Florença a "uma íris enevoada" — quando o telefone tocou. Um carro rasgou a escuridão. Vladimir e sua mãe viram a cidade desaparecer diante dos seus olhos. Chegaram ao salão. Sua mãe deu um grito contido, "*Bozhe moy*... Como pode ser?" Horas antes, num trem matutino, Vladimir tinha escrito com o dedo a palavra F E L I C I D A D E no vidro enevoado da janela de um vagão. Ele assistiu às letras escorrerem pelo vidro. Seu pai seria enterrado em Berlim. "Papai se foi", ele anotou no seu diário.

RUSSO!

Em 1938, agora vivendo num pequeno apartamento em Paris, Nabokov escreveu seu primeiro romance em inglês, *A verdadeira vida de Sebastian Knight*, experimentando um tipo de dor peculiar. Estava abandonando "meu idioma natural, minha desentravada, rica e infinitamente dócil língua russa, por um inglês de segunda". Esta seria sua "tragédia particular". Ele pediu que uma americana, Lucie Léon Noel, amiga próxima de Joyce, corrigisse os originais e cuidasse da sintaxe e das expressões idiomáticas. Trabalharam na mesma mesa em que o marido dela e Joyce tinham se debruçado sobre o *Finnegans Wake*. "A maioria do texto lia-se com espantosa fluidez", Lucie depois diria. Mas Nabokov ainda mantinha em mente duas obras em russo, acreditando que certamente voltaria à língua materna, que ele afinara com lúcida precisão no momento mesmo em que acabou optando por abandoná-la. Poucos anos depois, no entanto, sobre a perda do russo, ele diria num poema em inglês:

> *...verbos líquidos em* ahla *e em* ili,
> *Grutas Aeônicas, noites no Altai,*
> *Poças negras de som com "l"s fazendo lírios.*
> *A taça vazia que toquei ainda está tilintando,*
> *Mas agora apanhada por uma mão, e morta...*

E, num símile, comparou o aturdimento da troca linguística com a "mudança de uma casa escura a outra, numa noite sem estrelas".

Frequentemente penso nessa dor. A solidão que naqueles anos deve ter corrido na pulsação da escrita de VN, mesmo nos versos juvenis mais ligeiros. Dmitri fala disso, às vezes. Revelando com relutância detalhes de um mundo que emerge numa trilha de elipses. A melodia ruidosa dos anos na Alemanha, os invernos cinzentos tão remotos daqueles que ele conheceu na juventude, as incertezas de uma vida não mais prenunciadas.

Mas, então, havia também a graça com a qual ele voltava os olhos para as coisas, observadas com tanta precisão, demandando nisso a felicidade.

Algumas outras imagens de VN em Berlim ficaram comigo, como estranhos cortes de um filme mudo.

Ele buscou trabalho num banco, mas durou apenas três horas. Foi tutor de francês, inglês e russo, porém nem um minuto além da hora marcada. Escreveu uma gramática da língua russa. O primeiro exercício: *Madam, ya doktor, vot banan* ("Madame, sou o médico, aqui está uma banana"). Deu aulas de tênis e boxe. Era bonito e esguio. Atuou como figurante num filme alemão. Era Sirin na linha assinada. Volodya em roupas íntimas. Revisou *Convite ao cadafalso* com tinta violeta. Quando escrevia, nunca lia jornais, apenas livros. Nunca comprava livros. Lia de pé, nas livrarias. Viu Kafka num bonde (ou assim pensou, anos depois, quando deparou com uma fotografia "daqueles olhos mais extraordinários"). Era pobre, muito pobre. Pediu que um conhecido das letras o recomendasse:

> *Um... autor (embelezar)*
> *talentoso!! O orgulho da imigração!!*
> *Um estilo novo!!*
> *Verba ou bolsa*

Outras tomadas do mesmo período: VN trajando calças gastas. VN procurando emprego, dizendo que se mudaria para qualquer lugar, Canadá, Índia, África do Sul! VN recebendo vinte dólares do Fundo Literário Russo nos Estados Unidos. VN alegremente empregado como trabalhador rural no sul da França. VN jantando com marinheiros russos no porto de Marselha. VN indo jantar com Joyce, em Paris, e causando uma péssima impressão. VN escrevendo *A verdadeira vida* em uma maleta, em cima de um bidê num banheiro enferrujado de Paris.

"Aqueles olhos mais extraordinários..." Os de Kafka, mas também os dele. Fiquei obcecada pela imaginação daqueles olhos, os de VN encarando os de Kafka. E pelo que esses dois olhares (âmbar pontilhado, breu total), cruzando-se brevemente naquela tarde insuspeita, poderiam ter expressado.

Trabalhador rural

Meus próprios avós maternos viveram na Europa antes da guerra naqueles mesmos anos. No reflexo de um espelho: primeiro Paris, depois Berlim, aproximadamente de 1923 a 1939. E, quando tento visualizar as feições de VN naqueles anos de Alemanha, começo a pensar se, por volta de 1935, assim como ele próprio tinha imaginado ver Kafka num bonde, minha avó curiosa, incansavelmente rondando a cidade, não teria deparado com o jovem Nabokov. Gostava de imaginá-la caminhando naquela Berlim em preto e branco antes da guerra, com aquela tampa de chumbo por cima dos telhados da cidade. Embora ela esteja só, não tem medo (ou pelo menos é isso que diz a si mesma). Num dia, no final do inverno, está passeando por ruas estreitas, com as janelas mostrando uma sucessão de molduras opacas atrás das quais ela deve sentir, aqui e ali, o vislumbre obscuro da presença humana. Ela vê o céu momentos antes de a iluminação pública ser acesa, enquanto as nuvens se dissolvem, o madrepérola passando vagarosamente para o cinza. À medida que a noite se aproxima, começa a caminhar mais rápido, com passos apressados, quase misturando-se ao asfalto, quando na esquina de uma rua ela discerne uma pequena porta e uma janela — o ateliê de um artista, ou uma loja dilapidada. Um homem jovem, de braços magros, com a testa inclinada em direção ao vidro, olhos âmbar, está observando através da janela coisas que ela não consegue saber o que são. E o que lhe atrai a atenção é sua mirada lúgubre, seu espanto difuso, alcançando o próprio reflexo, e no entanto em outro mundo distanciado. Uma centelha âmbar na escuridão envolvente.

Semanas depois de completar estas frases, com um certo baque no coração, deparei com este parágrafo no inesquecível ensaio de VN sobre Nicolai Gógol:

Sonhamos, às vezes, com pessoas perfeitamente desimportantes, um companheiro casual de viagens ou alguém igualmente obscuro, com quem nos encontramos anos atrás e nunca mais voltamos a ver. Pode-se, assim, imaginar um negociante aposentado em Boston, em 1875, contando casualmente à sua esposa ter, uma noite daquelas, sonhado que, juntamente com um jovem russo ou um polonês conhecido na Alemanha em sua juventude, comprava um relógio e um capote numa loja de antiguidades.

De volta à Alemanha, onde o restante desse carretel se desenrola. VN tinha se apaixonado por Véra em Berlim e se casado com ela em 1925. Eles enfrentaram dificuldades em alojamentos exíguos, especialmente após o nascimento de Dmitri, em 1934. VN se preocupava em como ganhar o pão do dia seguinte. E a situação política era ameaçadora. Véra era judia, e depois que os nazistas chegaram ao parlamento, em 1932, tornou-se extremamente difícil a obtenção de passaportes para emigrados. Para desânimo dos Nabokov, na primavera de 1936, num golpe do acaso, o repudiado general Biskupsky foi nomeado diretor do Departamento de Assuntos da Emigração Russa de Hitler. Escolheu como subsecretário Sergey Taboritsky, o homem condenado pelo assassinato do pai de VN.

VN se mudou para a França o mais rápido possível, em busca de trabalho. Véra e Dmitri juntaram-se a ele no verão de 1937. Enquanto a guerra estourava na fronteira oriental, a família escapava em maio de 1940 com apoio financeiro de uma organização de socorro aos judeus. Em poucos dias, tanques alemães avançaram na capital francesa. VN havia deixado seus papéis, dois originais e uma coleção esplêndida de borboletas europeias num porão saqueado pelos alemães após sua partida. As páginas escritas por ele, espalhadas no chão, foram resgatadas por uma mulher judia cujo tio, um amigo próximo dos Nabokov, viria a morrer num campo de concentração. Três semanas mais tarde, o prédio inteiro seria pulverizado.

Na última hora, VN foi contratado como professor de redação em Stanford, e os Nabokov partiram para os Estados Unidos a bordo do SS *Champlain*. Originalmente, tinham passagens para uma viagem mais tarde, porém conseguiram, por acaso, outras para mais cedo. Na viagem a seguir à da família, o *Champlain* foi torpedeado por um submarino alemão e veio a pique. No intervalo de exatamente vinte anos, VN escapara dos bolcheviques e dos nazistas, por mera conjunção casual de eventos. Porém, sua mãe falecera em Praga, em 1939, e VN não tinha podido estar ao lado dela. Quando finalmente conseguiu salvar a esposa e o filho da onda marrom que agora cobria a Europa, a Tchecoslováquia há tempos já tinha sido trancada pelos nazistas. E Nabokov ainda estava para perder o irmão mais jovem, Sergey, que era abertamente homossexual e morreria de fome e exaustão num campo de concentração alemão.

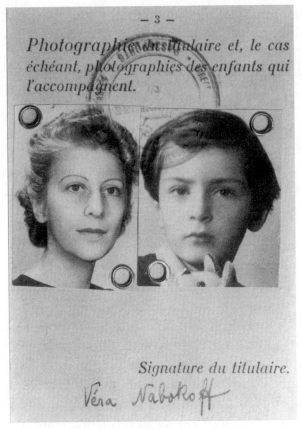

Passaporte de imigrante, abril de 1940

Crimeia, Berlim, Paris e a fuga a oeste, para a América. Essa era uma época em que a vida estava em outro lugar. Quando as correntes da história puxavam freneticamente, fazendo pouco ou nada do livre-arbítrio. Com o tempo, no entanto, o exílio daria a VN um "pontapé sincopado" que ele "não gostaria de ter perdido por nada na vida". A distância, a destruição das coisas passadas, uma infância aprisionada como flocos de neve sem rumo num globo de vidro... Olhando para trás, para sua cidade ao norte, ele a via mais cheia de sombras do que jamais tinha imaginado em sua juventude. "A nostalgia foi para mim uma questão sensual e particular." A nostalgia iria tecer a textura iridescente de sua prosa: uma meada de fios flexíveis, um fio sempre ocultando outro, mais distante, o fio sonhador.

Anos antes, a nostalgia de Vladimir tinha sido desatada pela mudança da família para Gaspra, no sul da Crimeia, onde nada mais parecia muito russo. O minarete azul da vila, os "caraculs dos escuros pinhais da Táurida", o asno "decididamente saído de Bagdá", zurrando em uníssono com os cantos vespertinos do muezim, haviam provocado em Vladimir as primeiras agonias da nostalgia. Houvera alguns prenúncios em sua infância também, os meses que passou fora de Vyra, em Biarritz ou em Berlim. Mas a sensação fora intensificada na Crimeia, onde a imagem de Lyussya Shulgin, suas cartas, a nostalgia *dela* por Vyra, pesava consideravelmente na memória. (E até escrever seu primeiro romance, *Machenka*, sobre a memória assombrosa de um primeiro amor russo, VN admitiu que a perda de seu país e a perda de sua Lyussya tinham permanecido firmemente presas em seu âmago.)

Porém, à medida que o tempo passava, sua memória da Rússia ficava mais vibrante que a própria Rússia. Assim como as pessoas longamente esquecidas reaparecem em nossos sonhos, detalhes esvanecidos acenam misteriosamente através do véu do tempo. Na Alemanha, ele se lembraria de Vyra com um tremor de alegria. O odor de jasmineiros brancos em flor, a beleza enigmática de um dia de outono o levariam de volta a seus dias de infância. "Estou infinitamente feliz, e tão agitado e triste hoje", ele escreveu numa carta a sua mãe, em 1921.

Então, em certas manhãs, lhe ocorria que o tempo, também no exílio, estava cobrando seu insidioso preço. Quando Vladimir visitou sua mãe em Praga, "havia sempre aquela aflição inicial que se sente justamente antes que o tempo, apanhado de surpresa, de novo ponha sua máscara de familiaridade". Mesmo ela estava murchando até a desaparição. Tempos atrás, no entanto, Elena Ivanovna tinha ensinado ao filho um segredo, como se na expectativa de uma perda iminente. Ela o tinha ensinado a observar com os mais atentos olhos, e lembrar-se. E tal tarefa, no caso de ambos, logo deu a Vyra um halo mais radiante do que teria sido, caso tivessem cruzado a fronteira como clandestinos, digamos, num trem noturno furtivamente de volta a São Petersburgo. "Assim, de alguma forma, herdei um extraordinário simulacro — a beleza de um bem intangível, uma propriedade irreal — e isso provou ser um treino esplêndido para enfrentar a duração de futuras perdas."

Não havia retorno. Sobreviver à revolução, à guerra e à angústia daquela longa noite soviética significou viver no lustre de uma memória cuja Rússia no presente apenas apagaria. "O que seria de fato ver novamente meu antigo ambiente, eu não faço a menor ideia..." VN, de pé, em frente à entrada de granito rosa no número 47 da Bolshaya Morskaya, parecendo mal-humorado, levantando uma das sobrancelhas, nos olhos o brilho endiabrado já extinto. Seu olhar acinzentado, seus lábios duros e lívidos. (Leningrado, prontamente reconstruída após a guerra, a ele não era mais do que o sinistro cenário de uma peça.) E em algum lugar, na velha grade mostrando seus dentes de ferro contra o rosa manchado, perto de árvores plantadas há apenas uma década, a placa: À VENDA — CORTESIA DO DEPARTAMENTO DE ASSUNTOS CULTURAIS.

Não havia retorno. VN nunca mais voltou, assim como meu próprio pai nunca voltará. "Agora é outro lugar", ele continua me dizendo. Mas sei que ainda sonha, em noites de sono profundo, com platôs varridos pelos ventos, framboesas silvestres e passeios a cavalo sem sela.

Através dos abismos transparentes de nossas vidas, voltamos a cabeça para trás em busca do passado. E, já que não podemos ver tudo com tanta clareza, imaginamos novos mastros e velas agitando-se brandamente por sobre as águas. Em silêncio, a memória ofusca o passado e cintila sozinha.

CAPÍTULO 7

A FELICIDADE, SENTIDO ANTI-HORÁRIO

(Onde o escritor inventa o paraíso e o leitor
pula sem demora dentro dele)

O espelho transborda claridade; um zangão voa quarto adentro e topa no teto. Tudo é como deveria ser, nada jamais mudará, ninguém nunca vai morrer.

Agora, já faz certo tempo, enquanto sento de novo à mesa, me dou conta de que andei ignorando um leve desvio. Como se fosse o começo de algo; uma vertigem suave, não de todo desagradável.

A Terra, percebo, está aos poucos desaparecendo sob meus pés. Sem mais ter a certeza dos caprichosos pontos cardeais de minha bússola, imagino os limites do seu território e o do meu. A cada centímetro, ou assim me parece, me arrisco em águas mais estranhas do que as que eu havia me preocupado em sondar quando comecei minha história. Ponho a caneta de volta à mesa. Fecho meus olhos. Onde estava mesmo?

A perda. A crueldade do tempo. O escândalo da dor. O assombroso enigma da morte. Eis os resgates da consciência. "Na incalculável quantia de ternura contida no mundo; no destino dessa ternura, que ou é esmagada, ou desperdiçada, ou transformada em loucura."

E no entanto. Correndo ao longo dessa loucura, a *possibilidade* da felicidade.

"As primeiras criaturas do mundo a se tornarem conscientes do tempo foram também as primeiras a sorrir", ele escreveu. E a pura crueza desse sorriso, seu "*zaychik*", sua "mirada solar" (não apenas sua existência, mas sua crueza) é, imagino eu, o padrão profundo desse mundo. E, talvez, principalmente o de *Ada*. Eis aí a súmula de VN sobre a textura do tempo, sobre a natureza da felicidade.

"Podemos saber as horas, podemos entender a duração. Não podemos jamais conhecer o Tempo", Ada declara. "Simplesmente, nossos sentidos não foram feitos para perceber isso. É como—" a história que estamos prestes a ouvir.

VN acredita que o Tempo não flui. "Sentimos que ele se move apenas porque é o meio em que o crescimento e a mudança acontecem, ou onde as coisas param, como estações." Mas o tempo, independente disso, é perfeitamente imóvel. "Oitenta anos passam logo — é só uma questão de se mudar o diapositivo num projetor." O tempo passado, o tempo passando. A velocidade, como uma sequência, é uma ilusão.

E talvez a realidade não seja duração. Muito embora seja tentador pensar que sim. Em meio à folhagem de Ardis Park, na primeira agonia de sua paixão, Ada, sentada ao lado de Van numa cama de musgo, exclama: "Mas *disto*... não há dúvida, isto é a realidade, é o fato puro — essa floresta, esse musgo, a sua mão, a joaninha na minha perna, isso não pode desaparecer, pode? (vai, foi). *Isto* veio a acontecer *aqui*, não importa quão tortuosos fossem os caminhos, e como se enganassem uns aos outros, e se estragassem, eles invariavelmente deram aqui!" Porém, *isto* não era a realidade, era? Tudo isso virou e mexeu até *tornar-se* realidade apenas no espelho verde-cintilante da memória, o abrigo das palavras.

A memória detém o tempo nas mãos em concha.

O presente é levado adiante.

(Mas "não podemos jamais desfrutar o *verdadeiro* Presente, que é um instante de duração nula"!)

O presente é a memória sendo feita.

(O que mais é presente?)

O amor. Apenas o amor. A "floração do Presente", "a quietude da pura memória". Uma cápsula de consciência.

Ou, para ser mais cientificamente precisa:

$$\frac{\text{AMOR} + \text{MEMÓRIA}}{\text{CONSCIÊNCIA}} = \text{TEMPO NABOKOVIANO}$$

"A rede de balanço e o mel: oitenta anos depois ele ainda podia se lembrar, com a mesma aflição juvenil de sua alegria original, do momento da primeira paixão por Ada." Oitenta anos depois, a felicidade de Van ainda se alimentava daquele primeiro verão. Não com as garras escuras da melancolia, mas com o brilho da presença continuada. "A memória alcançou a imaginação a meio caminho na rede dos entardeceres de sua juventude. Aos noventa e quatro anos, ele gostava de retraçar aquele primeiro verão apaixonado não como um sonho que acabara de ter, mas como a recapitulação da consciência a ampará-lo nas pequenas horas cinzentas entre o sono superficial e o primeiro comprimido do dia."

É no incidente da primeira paixão por Ada que Van tropeça na verdadeira possibilidade de manter a duração do tempo à distância.

O tempo se dobra. Apenas o presente permanece.

Van escreve numa carta a Demon, seu pai — uma carta que ele nunca enviaria: "Em 1884, durante meu primeiro verão em Ardis, seduzi sua filha, que então tinha doze anos. Nosso caso tórrido durou até o meu retorno a Riverlane; recomeçou em junho passado, quatro anos depois. Essa felicidade tem sido o maior evento de minha vida, e não tenho remorsos."

Na sua juventude, o futuro era a ilusão prospectiva de um sonhador.

Embora o futuro *não* exista, o passado é sempre presente.

("Confesso que não acredito no tempo", sussurra VN.)

Tudo o que existe é o "brilhante 'agora'" — a única realidade da textura do Tempo, zumbindo ao nosso redor e através de todos nós.

Mesmo depois de ele perder Ada e vaguear pelas esquinas carcomidas da velha Europa, Van viria a gostar da "singular excitação de seguir por pequenas vias escuras, em cidades estranhas, sabendo muito bem que ali nada descobriria de novo, exceto a sujeira e o tédio, e latinhas 'meri-canas' descartadas com rótulos de 'Billy', e uma selva de jingles de jazz exportado saindo de cafés sifilíticos. Ele sempre teve a impressão de que as famosas cidades, os museus, a antiga câmara de tortura e os jardins suspensos não passavam de lugares no mapa de sua própria loucura". Com seus rivais comicamente assassinados, Ada casada com seu ridículo criador de gado, e Lucette afogada em sua noite azul-escura, Van, em exílio perpétuo, ainda sente um pulso de felicidade, porque a memória de Ardis permanece com ele tal qual um palpitante *zaychik*.

Um verão vivo durante um século.

(E, no que diz respeito a esta leitora, seria uma úmida manhã lilás de vertigem, num quarto para além do espelho.)

As mãos do tempo estão cerradas.

No momento, de novo o mundo gira. Corre pelos meus dedos. E eu tranquilamente lanço minha rede.

"Tempo Puro, Tempo Percebido, Tempo Tangível, livre de conteúdo, contexto e comentários contínuos..."

Nada se abandona no radiante *agora*.

Um vaga-lume perseguindo a escuridão.

A palma pousada sobre um ombro nu.

Uma única palavra fazendo pouco da gravidade.

CAPÍTULO 8

ESCREVENDO A FELICIDADE: GUIA PRÁTICO

(Onde o escritor rabisca extaticamente e o leitor espia por cima de seu ombro)

E tudo tinha se disposto para começar desastrosamente.

Aos quinze anos, Vladimir sentiu-se movido a compor seu primeiro poema, quando, nos bosques encantados de Vyra, notou uma gota de chuva deslizando pelas nervuras de uma folha em forma de coração. "Toque, folha, pingo, alívio — o instante em que tudo se deu me pareceu menos uma fração do tempo que uma fissura nele, o coração perdendo uma batida." A poesia tão sentida que se seguiu era uma elaboração extremamente infeliz. E, tão logo o jovem Sirin publicasse sua primeira coleção, o pequeno livro cairia nas mãos de seu furioso professor, um certo Vladimir Hippius, poeta ruivo que, diante de uma turma de alunos rugindo, se deleitava "destilando seu sarcasmo ferino" às estrofes purpúreas. A prima de seu professor, Zinaïda Hippius, ela própria uma poeta de renome, mais tarde pediria casualmente ao pai de Vladimir que por favor dissesse a ele que "nunca, jamais seria um escritor".

Catapultado rumo ao exílio, destituído de sua juventude, ele perseverou.

Ignorando o conselho e Zinaïda, aos vinte e um anos ele enviou pelo correio um poema de qualidade duvidosa à sua mãe ("Morrendo à noite, me alegro / de ressurgir à hora marcada. / O dia seguinte é gota de orvalho no paraíso / e o passado, um diamante.") Na carta anexada ao poema, entretanto, Vladimir acrescentou uma nota que ressoou através dos anos: "Este pequeno poema vai provar a você que meu humor está radiante como sempre. Se eu viver até os cem anos, minha alma ainda assim vai andar de calças curtas." Seu primeiro romance inacabado ele intitulou provisoriamente de *Schastie, Felicidade*. Aos vinte e cinco anos, em "Uma carta que jamais chegou à Rússia", imaginou um romancista em exílio escrevendo para o seu primeiro amor, e decidido a falar não do seu passado, mas da contínua presença dela em sua nova vida. E VN escreveu mais feliz que nunca: "Os séculos rolarão, os colegiais bocejarão sobre a história das nossas sublevações; tudo passará, mas minha felicidade, querida, minha felicidade permanecerá, no úmido reflexo da luz de um poste, na curva cautelosa de degraus de pedra que descem para as águas negras do canal, nos sorrisos de um casal que dança, em tudo com que Deus tão generosamente cerca a solidão humana." Um década mais tarde, no seu romance russo mais descaradamente vivaz, *O dom*, Fyodor, seu protagonista, considera escrever "um guia prático: *Como ser feliz*". Um filamento luminoso fora tecido.

O estilo torna-se "o espelho defletor" do ilusionista.

Ele recusava a ideia de que escrever pudesse ser ensinado, e aos alunos em Stanford — o emprego que lhe daria seu primeiro salário americano — avisou com cuidado que, no momento em que o autor começa a escrever, "o monstro do infame senso comum" vem "lhe estorvar os passos, reclamando que o livro não vai alcançar o público médio, que o livro jamais vai — e ali, então, justo antes de bradar a palavra *v, e, n, d, e, r*, esse falso senso comum precisa ser eliminado". A bem da verdade, VN detestava o "lixo tópico" (o monstro onívoro), a Literatura de Ideias (sua manifestação hipócrita) e a ficção didática (sua prima impostora). Ele desconfiava da tirania que as ideias médias exerciam sobre o leitor médio, pela simples razão de que "todas as 'ideias médias' (tão facilmente adquiridas, tão lucrativamente repassadas) permanecerão necessariamente como passaportes gastos dando ao seu portador o atalho de um domínio da ignorância a outro". A grande literatura, a seu ver, era uma conquista da linguagem, não das ideias. E mesmo aí, ele não acreditava numa grande arte literária, apenas em artistas decididamente originais (como Shakespeare, Puchkin, Proust, Kafka, Joyce e ele próprio). De modo que, ao final, a verdadeira biografia de um artista não deveria ser mais do que a história de seu estilo.

Incansavelmente, ele peneirava as palavras.

"O que o artista percebe é principalmente a *diferença* entre as coisas." No subterrâneo reluzente de VN, a literatura começava com visões. Antes de dar corpo a membros e torsos com um lápis recém-apontado, ele concebia imagens, "não em palavras, mas com a sombra das palavras". Sombras e matizes aos poucos ganhando contorno em metáforas. "Não era o esperto sorriso endiabrado do ardor lembrado ou prometido, mas o raro brilho humano da felicidade e do desamparo." Essas metáforas ele julgava serem "pontes de bambu" flexíveis, apagando alegremente as fronteiras entre a prosa e a poesia. Pensar como um poeta: *esta* era a marca estilística de sua prosa. O cientista (no parecer de especialista de Vivian Bloodmark) "vê tudo o que se passa num ponto do espaço". Por sua vez, o poeta "sente tudo o que se passa num ponto do tempo". E é assim que o poeta sonha: "Um carro (placa de Nova York) passa pela estrada, uma criança bate a tela da porta vizinha, um velho boceja num pomar enevoado do Turquistão, o vento rola um grânulo de areia cinza-fuligem em Vênus, certo Docteur Jacques Hirsch de Grenoble põe os óculos de leitura e trilhões de outras pequenas coisas acontecem — formando um organismo de eventos instantâneo e transparente, do qual o poeta (sentado numa espreguiçadeira, em Ithaca, Nova York) é o núcleo."

Ardentemente, ele buscava o devaneio do poeta.

E eis que há ainda mais um truque dentro da sua cartola. O evento, VN revelou aos ouvidos atentos, não existe. Precisa ser contado. Os fatos não existem por si próprios. Existem porque os esboçamos até que existam. São verdadeiros "apenas no sentido de que são verdadeiras criaturas" de nossa imaginação. O passado pode ser apenas reconstruído. O biógrafo cerimonioso que busca cronogramas de veracidade vê o mundo de cabeça para baixo. A composição é a ideia. "Insinceridade esplêndida." O literário encantando o literal. A musa da memória sonhando suas coisas como eventos há muito concluídos. A linguagem desenhando figuras de tempo. Será que VN realmente teve um ancestral tártaro do século XIV, o ultrarromanesco Nabok Murza? Será que de fato viu Kafka num bonde? Será que uma noite encontrou Véra, enquanto ela caminhava em sua direção, usando uma máscara de cetim negro numa ponte em Berlim? (Não sabemos, nem nos importa.)

Tortura e passatempo para ele era contar uma história atrás da outra.

Tortura — porque havia que seguir até o "zoológico das palavras": substantivos indóceis, adjetivos sarapintados, advérbios mugindo, verbos zurrando, os cascos dos signos, a ruminação dos detalhes, as "asas e garras" dos romances. Passatempo — porque nada, exceto talvez a excitação da caça às borboletas numa encosta alpina, poderia rivalizar com a alegria cristalina da invenção de novos mundos. Os escritores, VN pensava, podem ser Professores, Narradores ou Encantadores. O verdadeiro escritor, o Encantador, é um "sujeito que faz planetas girarem". Ante o caos primevo, ele "diz 'vai!', deixando o mundo piscar e amalgamar-se". O Encantador, então, recompõe átomos, mapeia seu próprio mundo e nomeia uma miríade de objetos dentro dele. "Essas frutas são comestíveis. Essa criatura malhada que disparou cruzando meu caminho pode ser domesticada. Esse lago em meio às árvores vai se chamar lago Opala ou, mais artisticamente, lago Lava-pratos. Essa bruma é uma montanha — e essa montanha precisa ser conquistada." Apenas o Encantador pode expressar noções tão amplas quanto o tempo e o espaço, a cor de um céu ou o odor de uma estação do ano, a contorção de um nariz ou o tormento do amor, em termos de "surpresas únicas", que por sua vez vão urdir a tela de seu estilo. (E como sempre, quando teorizava sobre a estética, Nabokov estava, em geral, falando de si próprio.)

"Invente": um dos verbos favoritos de VN.

"A imaginação é fértil apenas quando é fútil", ele disse. A criação sem causa é o vigor da escrita imaginativa. Como a Antiterra de Van e Ada, cuja brisa sopra rajadas transparentes no estilo de VN. Um estilo convocando o oculto, apanhando a luz, traduzindo o arrebatamento. Em suma, como Updike certa vez notou, Nabokov escreve em prosa da única maneira que se deveria escrever — isto é, EXTATICAMENTE.

Combinando anotações dispersas...

A textura de seu estilo. O brilho de seu mundo visual. Um "esverdeado dia chuvoso", o "azul nevado de papel pautado", um "joelho opalescente", um "sono de cristal". A poesia surpreendente de criaturas desconhecidas se insinuando para dentro do panorama: o pai de Van, Demon, o dândi envelhecido, o libertino de má fama, virando uma borboleta umbrosa, "o velho Demon, de asas iridescentes recurvadas, quase se levantou, mas logo afundou novamente". A prescrição de poetas e loucos: "Senhoras e senhores do júri! Se minha felicidade pudesse falar, ela teria tomado conta daquele elegante hotel com um rugido ensurdecedor." Seus planos ardentes de estupro e tumulto. O tremor de consoantes sibilantes: as "faltas e fenecimentos" do verão de Van e Ada, "a fadiga de sua fuga — último recurso da natureza, aliterações aprazíveis (quando as flores e insetos imitam-se uns aos outros), o momento de uma pausa ao final de agosto, um primeiro silêncio no começo de setembro". Os tons antífonas: "um estado de indigestão aguda" causado pela ingestão excessiva de maçãs-verdes, um criado demitido "depois de soltar muitos ventos" enquanto dirigia levando Marina e Mlle Larivière para casa. Tudo isso, e mais, muito mais, resultando num "firme sussurro de felicidade" — pura evidência de haver vivido.

Infelizmente, nem todo mundo *entendeu* o estilo de sua prosa.

Quando *A verdadeira vida de Sebastian Knight* foi publicado, em 1941, o jornal *New York Times* declarou categoricamente: "Tudo isso pode soar interessante em outra língua." Anos depois, os editores da revista *New Yorker* mexeram teimosamente com "Minha educação inglesa" e "Retrato de minha mãe", que logo se tornariam capítulos de *Fala, memória*. Nabokov rejeitou todas as sugestões de revisão, dizendo preferir "a sinuosidade, que é minha e que apenas à primeira vista pode parecer desajeitada ou obscura. Por que não deixar que o leitor releia uma frase de vez em quando? Não vai machucá-lo". Porém, a *New Yorker* dificilmente desistia de sua revisão frenética, e VN rejeitou cada uma das solicitações com um afã enérgico. A propósito de seu "Retrato", ele respondeu: "Não houve ninguém chamado 'Joan of Arc'. Prefiro, de qualquer maneira, seu nome real, Joaneta Darc. Seria tolo, por exemplo, se em algum número da *New Yorker*, no ano 2500, eu fosse chamado 'Voldemar de Cornell' ou 'Nabo de Leningrado'. Então, no geral, gostaria de manter os 'sotaques fatídicos' e 'Joaneta Darc', se possível." Porém, ele já havia deparado com um tipo diferente de mal-entendido. Em 1942, em turnê com a palestra "A arte e o senso comum", acabara de falar diante de um grupo de mulheres, quando a distinta presidenta do grupo apressou-se em lhe dizer: "O que mais gostei foi do inglês canhestro."

Por sorte, outros acharam que seu inglês era de fato muito bom.

Quando a primeira versão de *Fala, memória*, intitulada *Evidência conclusiva*, foi publicada, em 1951, o crítico Morris Bishop escreveu a seu amigo Vladimir Nabokov: "Algumas frases suas são tão boas que me deixam com uma ereção — e na minha idade, você sabe, isso não é fácil."

Longos anos após sua partida, fui conferir tudo isso por conta própria.

No Montreux Palace, no sexto andar, uma mulher de uniforme abriu a porta do quarto 65. Um teto reclinado. Um quarto-com--vista ridiculamente pequeno. Na varanda, duas cadeiras de ferro e uma mesa esguia, encenando supostamente a famosa fotografia dos Nabokov jogando xadrez. Tudo era novo. E Dmitri mencionou, depois, naquela mesma manhã, que sua mãe dormia no quarto 63, seu pai no 64 — e que a cozinha ficava no 65. Ele me mostrou o texto que tinha escrito semanas após a morte do pai: "Aquela maravilhosa escrivaninha alta na qual ele começava seu dia de escrita sumiu. Mas aqui, escorado contra o fundo do birô, está uma reprodução sem moldura da pintura *L'Annunciazione*, de Fra Beato Angelico, trazida da Itália por tia Elena, com o anjo rijo fazendo seu anúncio apoiado num joelho." Seu pai havia rabiscado, embaixo da imagem, uma frase sobre as admiráveis asas de arco-íris do anjo Gabriel.

marelo, verde, índigo, violeta, vermelho. ("Todas as cores me deixam feliz: até o cinza.") Agora o vejo. Sentado ao birô, de vez em quando olhando seu Fra Angelico dando vida às asas de Demon Veen, abrindo-se "longas, negras, de azul-ocelado". Em seus olhos, resiste um "largo sorriso permanente". Ao alcance de sua mão estão meia dúzia de fichas brancas e dois lápis. Com um terceiro, ele traça suas palavras lentamente, distraído. Pulando de uma cena imaginada a outra, estudando a composição desse filme de cabeça, escreve fora de sequência. Trabalha de manhã, de pé diante da sua escrivaninha, interrompe para o almoço, continua até o entardecer, sentado ou reclinado numa poltrona de couro, ao lado do birô. Quase nunca escreve à noite. Em vez disso, assiste ao pôr do sol com Véra. Ou jogam xadrez. Às nove horas, vai ler. No verão, compõe suas histórias enquanto caça borboletas nas colinas acima de Montreux, com a inspiração pulsando como as asas de uma borboleta-de-enxofre. No inverno, passeia ao redor das águas esverdeadas do lago Genebra, tramando uma felicidade extrema para seus sonhadores desconhecidos. Uma felicidade iluminada tal como na carta ao editor de *Fogo pálido*: "Confio que você vai pular no livro como pularia dentro de uma fenda azul no gelo, arfar, pular novamente, e então (por volta da página 126) emergir a fim de deslizar num trenó para casa, sentindo alcançá-lo, metaforicamente, o calor prazeroso e formigante vindo das fogueiras que dispus estrategicamente ao longo no caminho."

CAPÍTULO 9

OS DETALHES MIÚDOS DA FELICIDADE

(Onde o escritor apresenta sua literatura e o leitor exibe comentários iluminadores)

Detalhe (subs.): os filamentos cuidadosamente lavrados de uma obra de arte; o segredo da descoberta de figuras escondidas dentro de outras figuras; a fagulha sensual do universo nabokoviano.

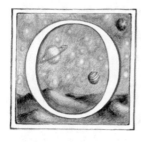

Ora, uma vez que ele havia cruzado o abismo transparente do exílio, suportado a perda da juventude, do seu russo e de seu pai, VN escreveu-se *na* felicidade. Sua escrita tornou-se o alegre "registro do meu caso de amor" com a linguagem. Um tapete mágico no qual o leitor de sorte pudesse ir e vir de um céu iluminado, descansar em nuvens claras e tirar proveito de detalhes e mais detalhes de novas paisagens desabitadas.

Porque, não importa quão emaranhadas sejam as histórias, quão estranhos os enredos, o que importa (ao final) é certo modo de observar as coisas. Em meio a planetas girando, onde nada é impossível e os amantes loucos são imortais, os detalhes são o único feitiço. "Afague os detalhes! Os divinos detalhes!"

Amostra de detalhe Nº 1 (*Lolita*)

As paisagens naturais americanas, LÍRI-CAS, épicas e trágicas mas jamais arcádicas. São LINDAS, DILACERANTEMENTE LINDAS, essas paisagens, com uma qualidade IMPENSADA, JAMAIS MENCIONADA, INOCENTE de entrega que minhas laqueadas aldeias suíças, impecáveis como brinquedos novos, e os Alpes exaustivamente louvados não mais possuem. *Inumeráveis amantes* enlaçaram-se e trocaram beijos na relva aparada das encostas do Velho Mundo, no musgo próximo às nascentes, ao lado de um oportuno e higiênico regato, em bancos rústicos ao pé de carvalhos escavados de iniciais, e no interior de incontáveis *cabanes* em bosques de faias igualmente inumeráveis. Nas paisagens naturais da América, porém, *o amante ao ar livre* não terá facilidade para entregar-se a esse mais antigo dos crimes e passatempos. **ERVAS VENENOSAS** queimam as nádegas de sua *amada*, insetos sem nome picam as suas; objetos pontiagudos do solo da floresta ferem-lhe os joelhos, insetos atacam os dela; e a toda volta tem-se a consciência do rastejar contido de **SERPENTES EM POTENCIAL** — *que dis-je*, de **DRAGÕES SEMIEXTINTOS!** — enquanto **SEMENTES ERIÇADAS DE FLORES FEROZES** aferram-se, com suas **HORRENDAS CARAPAÇAS VERDES**, tanto à meia preta suspensa por sua liga quanto à descuidada soquete branca.

Exagero um pouco. Certo meio-dia de verão, quase no limite da linha das árvores, onde FLORES DE COR CELESTIAL que eu me atreveria a definir como esporinhas aglomeravam-se ao longo de um RISONHO REGATO DE MONTANHA, *encontramos, Lolita e eu, um discreto local romântico*, uns vinte e tantos metros acima da passagem onde deixáramos o carro. A encosta parecia nunca pisada. Um último pinheiro arquejante fazia uma merecida pausa para recobrar o fôlego apoiado no penhasco que conseguira escalar. Uma marmota assobiou para nós e retirou-se. Por baixo da manta que estendi para Lo, FLORES SECAS CREPITAVAM BAIXINHO. *Vênus chegou e passou.*

A voz mais furtiva de todas aquelas de Humbert Humbert. Um momento numa viagem de carro de quarenta e três mil quilômetros através da América. Uma parada no campo para provar o "mais antigo dos crimes e passatempos". Talvez uma das passagens mais deslumbrantes de Lolita. Para obter o efeito completo, leia-a em voz alta. As palavras vão se enlaçar e trocar beijos em sua boca. Timbres vão dançar e escorregar como um regato (elegíaco—e—pastoral—e—falso-pastoral—e—lascivo—e—brincalhão—e—triste—e—maníaco—e—erótico).

Em seguida, você pode tentar usar um microscópio de bolso. Pelas suas lentes, vividamente, vai descobrir: mundos ampliados até as formas de um desenho animado em um horroroso verde de brinquedo novo, ou em tonalidades celestes. Um mosaico de detalhes maldosamente encobrindo imagens dentro de imagens.

Para uma visão panorâmica, melhor usar um telescópio móvel. Pela sua ocular, do parapeito da janela, vai entrever uma leitora esparramada numa poltrona, com as pernas estiradas num apoio para os pés. Quando aproximar a imagem, pode também apanhar um sorriso bobo e o brilho nos olhos castanhos. Com a imaginação inflamada, e os dedos deslizando pela página, essa não é outra senão eu, sua narradora, presa no labirinto de imagens de Humbert, na sua canção de amor crepitante, enquanto uma bainha de saia rendada desliza pela coxa de uma Vênus. E eu tinha acabado de descobrir uma mina de cintilações literárias, quando...

TCHAM! Seu telescópio de terceira categoria se encolhe num estalo e o apanha no nariz. Você logo deixa a janela na ponta dos pés. (E se eu não estivesse tão hipnotizada pela leitura, talvez tivesse olhado para cima.)

Desenho 1

Descubra o Que o Leitor Viu

Amostra de detalhe Nº 2
(*Ada ou ardor: crônica de uma família*)

Uma tarde, eles subiam num pé de árvore-do-paraíso, de grossos galhos lustrosos, ao fundo do jardim. Mlle Larivière e a pequena Lucette, resguardadas pelo capricho do monte de lenhas cortadas, mas ainda ao alcance da voz, brincavam de atirar argolas uma para a outra. Podia-se entrever de vez em quando, por cima e através da folhagem, a argola deslizando de uma vareta oculta a outra. A primeira cigarra da estação começava a testar seu instrumento. Um esquilo prateado-areia sentava no encosto de um banco provando uma pinha.

Van, trajando uma roupa de ginástica azul, após chegar até uma forquilha logo abaixo de sua ágil **companheira** (que naturalmente conhecia melhor o intrincado mapa daquela árvore), ainda incapaz de lhe ver o rosto, expressou-se numa **língua muda**, ao **pegar seu tornozelo entre o dedo e o polegar**, tal como *ela* apanharia uma borboleta. O **pé descalço dela deslizou** e os dois **jovens arquejantes se enlaçaram ignominiosamente** entre os galhos, num banho de folhas e drupas, **agarrando-se um ao outro** e, a seguir, quando retomaram o aparente equilíbrio, o rosto dele, inexpressivo e com a **cabeça aparada**, estava **entre as pernas dela**, e uma última fruta caiu com um baque surdo — o ponto cadente de UM SINAL DE EXCLAMAÇÃO. Ela usava o relógio de pulso dele e um vestido de algodão.

("Lembra?"

"Claro que sim, lembro: você me **beijou** bem aqui, **na parte de dentro...**"

"E você começou a me estrangular com esses **joelhos danados...**"

"Estava tentando me apoiar de alguma forma.")

Uma queda Éden adentro. Uma passagem folhosa para os bosques encantados da Vaniada. Os irmãos acabaram de se encontrar na propriedade de campo de Ardis, e Van está terrivelmente encantado com a pedante Ada, uma menina travessa totalmente rara: naturalista, astuciosa e, quase sempre, nua por debaixo dos seus vestidos de algodão.

*Nesse quadro, agora que você já esfregou os olhos e retomou a posição com o telescópio, posso ser achada escondendo-me por trás do arbusto, inclinada, com os olhos vagando através de uma maranha de ramos. Estou desavergonhadamente espiando duas crianças subirem uma macieira numa tarde de verão. Decidida a me arriscar nos diagramas literários de VN, saco um lápis & um caderno. Meu esboço é o seguinte: **A.** está no alto da árvore, com as pernas abertas, em forma de A. **V.** se posta justamente embaixo dela, com os braços abertos, em forma de V. Logo, o ávido **V.** se apossa da ardente **A.**, tal como seu próprio inventor faria com uma borboleta brincalhona. Os jovens deslizam ofegantes. Uma seta aponta para baixo. **A.** cai na cabeça de **V.**, sua boca agora dentro da sua irmã (em um* *instante ele vai "tirar do lábio o fio de seda de uma teia de larva".)*

Uma maçã cai com um baque surdo ¡ (Como meu rascunho fica estranhamente confuso... Maçãs dentro de macieiras dentro de maçãs...) Aqui, no mundo de espelhos desses dois, nós piscamos. Ada e Van estão prestes a experimentar não o pecado, mas o êxtase original do incesto. Uma entrada voraz na bem-aventurança. Sua própria "Reserva Natural do Éden", onde a deliciosa maçã prestes a ser devorada, diante dos nossos olhos, não é mais do que eles mesmos.

DESENHO 2

FATIE A DELICIOSA MAÇÁ

CAPÍTULO 10

A FELICIDADE DE ABRIL NO ARIZONA

(Onde o escritor descobre uma América
brilhante de sonho e ao leitor é concedida uma
entrevista exclusiva)

Após mais ou menos dez meses da conclusão de *Ada*, entrevistei VN. Nós nos encontramos no final de uma manhã de chuva esverdeada, às margens do lago Como, onde os Nabokov veraneavam naquele ano. Depois de uma caminhada animada por uma vereda coberta de pinhos perfumados, marchamos até uma cabana caiada de branco, divisando o lago. Eu tinha pedido, hesitante, numa carta breve, escrita à mão e enviada a VN no mês anterior, que ele me contasse a história da sua felicidade na América. ("Tanta coisa em *Ada*", concluí, com a mão desajeitada, "está impregnada dessa felicidade que, penso eu, você recapturou na América. Foi essa felicidade que depois você misturou às suas memórias mais queridas do norte da Rússia? E foi a América que, no final, ofereceu a você a oportunidade de uma síntese — um território sonhado a partir do qual se poderia inventar Terra?")

Eu e VN no lago Como

Assim, fiquei muito surpresa quando notei VN reclinando-se numa cadeira de vime com um exemplar novinho do *Inferno* de Dante. "Uma tradução incrivelmente literal, sabia? Como todas as traduções deveriam ser", ele disse, com um sorriso enigmático, e inclinou-se por cima do livro apontando um trecho do Canto Um, em que o escritor encontra Virgílio no caminho de uma floresta escura e impenetrável. Virgílio sussurra, "Poeta fui, e cantei...". Como se estivesse suspenso no tempo, nervosa até para erguer a cabeça, dei uma olhadela discreta na suas pupilas dilatadas. Afinal, tomei fôlego, fingi tossir, abri minha caderneta vermelha, mexi com a caneta hidrográfica, ergui o rosto e fiz a primeira pergunta.

Ali estava ele, sob o reflexo nublado daquele lago, dobrando suavemente os erres iniciais em palavras como "Rússia", enquanto aspirava silenciosamente o erre intrassilábico de "América", "abril" e "Arizona".

Se você fechar os olhos e tentar se lembrar, quais são as imagens da América que lhe vêm à cabeça?

[Orador sempre relutante, ele dá uma olhada num cartão de papel habilmente escondido dentro de Dante, e ergue um olho sonhador.] O espasmo de uma manhã salpicada de sol no Arizona. Todas as tardes perfumadas da Califórnia. As estradas cobertas de neve em Nevada. O azul-marinho de um céu de outono no Alabama.

Você conhecia a América antes de ver a América?

[Ele fecha o livro tranquilamente.] No velho parque de Vyra, havia um pântano longínquo, de um azul encantado, que minha mãe na sua infância havia se afeiçoado a chamar de "América". Anos mais tarde, eu e meus primos nos divertíamos com as quitandeiras, os artistas e os bufões da feira de São Petersburgo, que chamávamos de "habitantes americanos" e que ofereciam às crianças russas, de olhos arregalados, maravilhas turcas, duendes franceses e outras semelhantes diversões esquisitas.

Quando você primeiro chegou à América, em maio de 1940, o que fez?

Véra, Dmitri e eu apanhamos um táxi para o número 32 da rua 61, leste, onde nossa prima, Nathalie Nabokoff, morava. O taxímetro marcava "90" e entregamos ao motorista todo o dinheiro que tínhamos na vida, uma nota de cem dólares, a qual ele prontamente nos devolveu. A corrida, na verdade, custava apenas noventa centavos. Fico tocado até hoje com a civilidade desse nosso primeiro americano. (Na Rússia, o sujeito teria, sem dúvida, deixado seu estrangeiro sem um centavo.) Mas quando, na primavera de 1943, visitei Nova York de novo, saltei do táxi e atirei o dinheiro da corrida no assento, à moda de um herói romântico impetuoso, o que eu andava ansioso para experimentar por conta própria.

Onde você estava no Dia D?

Um dia ou dois antes do 6 de junho de 1944, fiquei seriamente doente e precisei ser levado a um hospital. O ruído contínuo e a algazarra do lugar estavam me deixando louco e, para me acalmar, apanhei em algum canto um dicionário de termos médicos, que passei em revista — para uso futuro, aqui e ali, nos meus romances americanos. Ao final, fugi graças aos cuidadosos planos de minha amiga, a sra. Karpovich, na manhã em que ela veio me visitar no pavilhão. Suspeito que os meus médicos tenham me reportado como sendo, potencialmente, um lunático.

Muito embora você tenha se mudado para a Suíça para ficar mais perto de seu filho, você se considera americano?

Como variante da questão da torta de maçã, a qual nunca me atraiu, cunhei a expressão mais atraente "tão americano quanto abril no Arizona". Com certeza, sinto-me muito à vontade na América, tanto íntima quanto intelectualmente. Creio que é uma das nações mais cultas do mundo, e ali fiz amigos de verdade, de uma amizade que nunca pude ter com pessoas da Alemanha ou da França, ao longo de todos os anos que ali passei. E foi na América, devo dizer, que encontrei meus melhores leitores. Então, claro, me considero um escritor americano, no que diz respeito a passaportes de escritores, e ainda pago impostos na América.

O que a América significou para você como exilado russo?

Em minha memória, equiparo a intrincada concepção de um problema no jogo de xadrez com o exílio, e penso na solução enganosamente simples como a jogada final que alcancei por caminhos sinuosos: América! Não vou negar, em minha vida adulta fui mais feliz na América do que em qualquer outro lugar.

Havia alguma coisa na América que o levava de volta à Rússia de sua juventude?

Minhas caçadas de borboleta, como um laço no tempo, pareciam às vezes retomar as perseguições na minha desaparecida Vyra. Talvez porque algumas das regiões "feericamente selvagens" do noroeste americano sejam surpreendentemente semelhantes à imensidão ártica do norte da Rússia.

Qual é o seu estado favorito?

Por favor, no plural. Arizona, Nevada, Novo México, Califórnia... Veja você, sou um adorador do sol. No Wyoming, escrevi "A balada de Longwood

Glen", e até hoje ainda é um dos meus estados favoritos, e as baladas também.

[Olho minha caderneta e começo a falar perceptivelmente mais rápido.]
Faz anos que venho querendo dizer a você que, numa viagem de carro através da América, o campo — Ash Springs, Nevada; Blue Lake, Califórnia; Mammoth, Arizona — me pareceu bem mais "real" quando visto pelo prisma da sua Lolita... Lolita, *com suas paisagens, lagos e referências americanas, se tornou um filtro lúcido através do qual eu lia os espaços alastrados que estava descobrindo em primeira mão. O romance deu textura, um verniz de luz, à minha própria América.*

[Ele olha de soslaio e, por um instante, seus olhos verdes e âmbar se estreitam até parecerem amêndoas escuras.]

Os nomes dos lugares que você inventa têm uma estranheza peculiar...

Eu tenho gosto em meus nomes americanos imaginários. Elphinstone e Kasbeam, EUA, são dois dos meus favoritos. Um doce em bastão *concentré* da minha América.

O que ficou da sua "rica e infinitamente dócil língua russa" depois de completar sua Lolita *americana?*

Lolita, como já escrevi, foi o registro do meu caso de amor com a língua inglesa. No entanto, quando tentei traduzir minha *Lolita* para o russo, senti, infelizmente, que minha maravilhosa língua russa havia enferrujado tal qual uma casa de veraneio abandonada nas neves do norte. Mas nunca me arrependerei da minha metamorfose americana. O russo será sempre minha língua favorita. É a minha própria, e nada no reino da melodia linguística pode se comparar às suas escuras modulações aveludadas. Porém, o inglês é um meio bem mais flexível, e posso retorcer seu vidro incandescente a meu bel-prazer, para produzir os meus próprios fios de contas translúcidas. Sua prosa é mais delirante, e sua precisão intercambiante é, até onde sei, incomparável. Vim a crer que se deve escrever, essencialmente, em inglês.

O que mais o irrita em relação à América?

[Ele franze os lábios.] A dificuldade que os americanos têm de pronunciar nomes estrangeiros é o que mais me irrita, e eu geralmente tentava controlar a pronúncia americana o mais que pude: Vla--DI-mir eu rimei com "redime"; Na-BOU-koff e

Lo-LI-ta, soletrei explicitamente à prova de tolos; quanto ao novo romance, deixei claro meu argumento acrescentando um subtítulo com eco fonético, *Ada ou ardor*, ao contrário de *Ada ou eira*, o pequeno gato jaragundi vermelho.

O que você acha da cultura pop americana?

Com exceção de alguns filmes ruins e dos quadrinhos, pessoalmente não consumo cultura pop, a maior parte da qual considero *"poshlust"* mascarada de verdadeira cultura. *"POHshlust"* é minha maravilhosa palavra russa para aquilo que são as amenidades triviais e vulgares de um modo de vida filistino. A viagem de recreio empacotada dos anúncios — a criança satisfeita prestes a devorar sua barra de chocolate Hershey's, o passageiro sorridente diante da linda aeromoça, pacotes de lixo passados como narrativas "poderosas" e "rigorosas". Esses, no entanto, usei nos meus romances americanos. De modo que a minha *Lolita* está repleta de revistas femininas e tiras de quadrinhos espalhafatosas, da felicidade de consumo prometida nos U-Beam Cottages e motéis Rainha Frígida, o clangor das jukeboxes, o efervescer dos refrigerantes de cereja. Tudo isso forma a matéria-prima, os pequenos ladrilhos nativos dos meus tableaus suburbanos.

*Você gosta do cinema americano? Há inúmeros
trechos de filmes e cenas noir em* Lolita.

Adoro filmes americanos! Principalmente os filmes
noir e as comédias. Muitas vezes me pego dando
gargalhadas, o que parece ser um pouco contagioso.

*Por que sua América é tão excepcionalmente
brilhante?*

Ela pertence à minha paleta mágica: suas lindas colinas e os céus de tirar o fôlego; a densidade honesta
das suas sombras se ajustaram com muita precisão
aos horizontes das minhas paisagens imaginárias.

*Quais são suas memórias mais vibrantes do Novo
Mundo?*

Há muitas. A arca do tesouro do meu Novo Mundo é ilimitada. Durante meu tempo em Cornell,
eu e Véra dirigimos duzentos e quarenta mil quilômetros pela América do Norte. Ela uma vez dirigiu
(nunca fui capaz de manejar um veículo) debaixo
de uma tempestade furiosa no Kansas, a fim de que
pudéssemos encontrar uma única borboleta! Lembro-
bro-me dos retângulos intercalados de água azul e
milho-verde desdobrando-se freneticamente como
um leque. Os verões em West Wardsboro eram en-

cantadores. Andava ao sol, sem camisa. Ainda não tinha deixado de fumar e minhas costelas até hoje aparecem nas fotografias desbotadas. Em outro verão, quase fui indiciado por passar açúcar e rum na árvore de um fazendeiro — um esporte fabuloso inventado para atrair toda espécie interessante de mariposa. Na mesma viagem, no parque nacional do Grand Canyon, apanhei uma esguia beldade marrom, uma *Neonympha*, até então nunca descrita. Em meados dos anos 1940, passei um verão em Utah, um paraíso inexplorado de pesquisa lepidóptera: caminhava vinte quilômetros por dia ao longo do cume das montanhas, de shorts e tênis, a animação de caçar borboletas tão viva quanto a de inventar criaturas na minha mesa de trabalho. Em meados de 1950, eu e Véra viajamos para o parque nacional Glacier e moramos numa cabana de um quarto... Esses momentos delineiam o relógio de sol das minhas memórias mais felizes.

O que mais o preocupava naqueles dias?

Nos verões em que cruzamos a América, dirigimos por regiões montanhosas, cobertas de pó castanho. Ao dezesseis anos, Dmitri tinha se tornado um alpinista destemido e isto nos deixava loucos de preocupação. Certa vez, escrevi um carta rogando--lhe que deixasse de nos fazer passar por aquela tortura, já que nós juntos havíamos chegado aos cento e vinte anos de idade.

Dmitri, conquistando sua própria América

Quando você primeiro escreveu sobre a América?

Minha história "Tempo e vazante", que escrevi no outono de 1944, se passa na América, num futuro de fantasia. O ano é 2024 — os aviões estão proibidos e parecem misteriosamente poéticos. Como num retrovisor, meus personagens olham para trás, para os detalhes do nosso próprio tempo, apenas para descobrir que eles estavam permeados por um brilho suave que, de alguma forma, no turbilhão do presente, havia escapado a sua atenção indiferente.

Quando você adquiriu a cidadania?

A 12 de julho de 1946, eu e Véra nos tornamos cidadãos americanos e, simplesmente, nos deleitamos no processo. Fiquei impressionado com o surpreendente contraste entre a formalidade russa e a flexibilidade americana.

*Você tem alguma imagem favorita da sua própria
 América?*

Na verdade, tenho. O hotel Captain Reed's, no Texas. As luzes vistosas de um neon num posto de gasolina, numa estrada deserta entre Dallas e Fort Worth, onde consegui apanhar algumas mariposas fantásticas... Esses são apenas dois dos inúmeros fios que teceram a luminosa tela da minha América.

*Você diz ser tão americano quanto abril no Arizo-
 na. Alguma vez já viu o Arizona?*

Já, acho que foi em 1953 que eu e Véra partimos para o Arizona. Numa caminhada à noite, fomos atacados por uma cascavel, que eu prontamente matei. Nas tardes de tempestade, me sentava para escrever *Lolita*. À noite, lia minhas fichas para Véra, que então as passava a limpo.

E o Novo México?

Lembro-me de uma manhã encantada de caça às borboletas, num deserto próximo a Santa Fé, onde uma égua negra me seguiu por um quilômetro e meio sob sol a pino. *Essa* foi a minha América, minha América brilhante de sonho com os olhos abertos, onde a vida, de novo, estava ali e em nenhum outro lugar.

Como você viu o impacto de Lolita *na América, após sua publicação em 1958?*

Ao contrário do que aconteceu na França e na Inglaterra, *Lolita* não foi banida no Novo Mundo, e a América acabou provando ser menos puritana do que suas primas. Mas o diminutivo "Lolita" logo se metamorfoseou num arsenal de avatares ordinários — nomes de bichinhos domésticos, modelos atraentes de revista, molecas espúrias. E fiquei estarrecido ao ver uma garota que parecia ter escolhido Lolita como fantasia de Dia das Bruxas, toda de laços e calcinha. Exceto isso, recordo que os cidadãos de Lolita, uma pequena cidade no Texas, pensaram em mudar o bom nome de sua cidade para Jackson.

Como se sentiu ao viajar de volta para a Europa em novembro de 1960, quase vinte anos depois da sua chegada aos Estados Unidos?

Eu era um obscuro escritor russo quando primeiro parti para a América. Na nossa viagem de volta, nosso navio, o *Rainha Elizabeth*, exibia *Lolita* numa vitrine, bem como *Gargalhada na escuridão*, meu primeiro romance russo traduzido para o inglês.

Mais adiante você foi indicado para um Oscar.

É. Stanley Kubrick e James Harris fizeram propaganda do meu roteiro de *Lolita*, um desdobramento poético do original, como sendo o melhor roteiro de Hollywood. E embora eles não o tivessem usado de maneira alguma, fui de fato, muito absurdamente, indicado para um prêmio da Academia. Porém, mais especificamente, quando *Lolita* foi escolhido pela produtora Harris-Kubrick Pictures, que comprou os direitos para o filme, me lembrei de um sonho precógnito que tive em 1916, ano em que meu tio Vasily — de quem herdei uma fortuna que desapareceu na revolução soviética — havia falecido. Nesse sonho, tio Vasya tinha me prometido voltar como Harry e Kuvyrkin.

Você pretende voltar para os Estados Unidos?

Eu e Véra temos muita vontade de voltar para os Estados Unidos, e muito tempo atrás teríamos erguido nosso acampamento em Los Angeles, não fosse por Dmitri ter seus compromissos de ópera na Itália. Em Los Angeles, me lembro da figura arrojada de John Wayne no meu primeiro coquetel, na casa de David O. Selznick. Tempos depois, conheci a incrivelmente linda Marilyn Monroe. Mas não tinha nenhum interesse profissional em Hollywood, como instituição, e sempre fui um orador dos piores e um convidado decepcionante para qualquer jantar. Quando a srta. Monroe nos convidou para jantar, não fomos. Porém, até hoje ainda sou fascinado pela Califórnia, com seus vales encharcados de sol e insetos estupendos. E, até 1964, sonhava avidamente em viver na América.

E sobre seu novo romance, Ada? *Com a sua Antiterra, um planeta gêmeo, um tipo mágico de Amerrússia, você reinventou a América...*

Reinventei a América pelo menos duas vezes. A América de *Lolita* é tão imaginária quanto a de *Ada*. Mas em *Ada* não se trata mais da graciosa América verdejante de minha *Lolita*, mas de uma radiante América irreal, mergulhada na textura do tempo puro... é a minha metáfora, se preferir, para a plenitude estética.

Você sente falta da América?

Sinto, mas nas colinas e vales azulados da Suíça, eu e a minha esposa continuamos a viver tão felizes quanto os Nabokov na América.

CAPÍTULO II

A FELICIDADE NATURAL E ANTINATURAL

(Onde o escritor se deleita com a magia da natureza e o leitor se propõe a imitá-lo)

ontreux Palace, 1961. Quando VN mudou-se para este hotel, ficou encantado com a flora e a fauna que encontrou nas colinas da Riviera Suíça. Sumia por horas a fio nos cumes de Verbier, Crans e Saas-Fee, caçando criaturas raras que se metamorfoseavam entre morangueiros e ramos de coníferas. E isto — somente isto — era a felicidade.

Passaria quase meio século, tal como vou mostrar mais adiante, até que me desse conta disso e me decidisse a imitá-lo. Em suma, eu mesma me metamorfoseei numa aprendiz de entomologista (o que não posso deixar de encorajar meus leitores a fazerem também).

UMA BREVÍSSIMA HISTÓRIA DO CAÇADOR DE BORBOLETAS

"Quando era jovem", VN disse a um jornalista da revista *Sports Illustrated*, na Suíça, "comi umas borboletas em Vermont para ver se eram venenosas. Não encontrei nenhuma diferença entre uma monarca e uma vice-rei. O gosto de ambas era detestável, mas não fiquei doente. Elas tinham o sabor de amêndoas e, talvez, de uma mistura de gorgonzola. Comi-as cruas. Segurei uma delas com a mãozinha ansiosa e a outra, na outra mão. Não quer comer umas comigo amanhã no café?" Embora provavelmente Nabokov não consumisse borboletas no café da manhã, estava, é claro, loucamente apaixonado por essas criaturas fugazes. Muito antes disso, herdara essa admirável satisfação para com as borboletas de seu pai, que o havia ensinado a distinguir nos hábitos delas coreografias arcanas e elegantes. As borboletas anéis-negros, que apareciam e batiam as lindas asas apenas nos anos pares, as casco-de-tartaruga, firmemente embrulhadas em crisálidas douradas, as lagartas da borboleta-azul, devorando larvas de formiga, a pulsação das do gênero *Morpho*, com suas ondas do mesmo inseto esplêndido surgindo de uma só vez, inexplicavelmente, numa nuvem de poeira azul.

* * *

"*Soomerki* de verão — a adorável palavra russa para o crepúsculo. Tempo: um obscuro ponto na primeira década deste século impopular. Lugar: 59° de latitude ao norte do seu equador, 100° de longitude ao leste da minha mão que escreve." Quando criança, VN imaginou-se um futuro entomologista de primeira ordem ou, pelo menos, um ávido curador de lepidópteros num museu vasto e maravilhoso. E, muito embora fosse crescer escrevendo principalmente romances, suas pesquisas científicas o levaram a descobrir, nomear e registrar pelo menos quatro espécies novas e sete subespécies. Sua borboleta mais conhecida foi a *Lycaeides melissa samuelis* Nabokov, ou a azul-karner, com asas de gaze e tonalidade inconstante, azul-celeste, mas nem sempre. Nabokov disse estar certo de que as futuras gerações das borboletas que ele descreveu superariam em número as incontáveis edições dos seus romances. (De fato, o louvor científico, ele declarou, significava mais para ele do que qualquer coisa que um crítico literário pudesse dizer.) Assim, em homenagem às suas pesquisas, mais de uma dúzia de espécies azuis foram batizadas com traços nabokovianos, entre as quais estão as "Lolitas", "Sirins" e "Humberts" (muito embora Lolitas e Humberts permaneçam — cientificamente — a dois mil e quinhentos quilômetros de distância).

"*Minha alma ainda assim vai andar de calças curtas*"

Em primeiro lugar, para um close-up da alegria entomológica, pode-se imaginar VN sondando o campo em suas várias vestimentas... "como um lindo garoto de bermudões e chapéu de marinheiro; como um expatriado cosmopolita com sua bolsa de flanela e de boina; como um velho gordo sem chapéu trajando shorts". Aos setenta e poucos anos ele conseguia trilhar por cinco horas, às vezes demorando-se mais três até que uma borboleta aparecesse no seu habitat de costume. Na maioria das vezes, os passantes e os turistas o encaravam intrigados com a sua rede de borboletas, confundindo-o (ou pelo menos ele depois escreveu) com um mensageiro da Western Union ou com um vadio excêntrico. E, como tal, o protagonista do romance russo *O dom* ecoa, talvez, as próprias experiências de VN: "Quanta zombaria, quantas conjecturas e perguntas tive eu oportunidade de ouvir quando, superando meu embaraço, caminhava pela aldeia com minha rede de borboletas! 'Bem, isso não é nada', meu pai falou, 'você deveria ter visto a cara dos chineses quando, uma vez, fui coletar borboletas numa certa montanha sagrada, ou os olhos da professora progressista para cima de mim, numa cidade em Volga, quando expliquei a ela o que estava fazendo dentro daquela ravina.'" Uma vez, na América, um policial imponente seguiu Nabokov por vários quilômetros, suspeitando desse velho extático ziguezagueando sozinho pelo campo. Numa outra tarde, VN estava tão envolvido na busca que acidentalmente pisou num urso, mas o animal, felizmente, estava dormindo. E, embora não houvesse nada aparentemente místico em relação à caça de borboletas, era ali, nas clareiras das suas aventuras de caçada, que ele sentia a maior das felicidades e uma das suas formas mais surpreendentes: "O maior prazer da atemporalidade está — numa paisagem escolhida ao acaso — quando me acho entre borboletas raras e sua comida feita de plantas. Aqui vai o êxtase e, por trás do êxtase, alguma coisa mais, que é difícil de descrever. É como um vácuo momentâneo para onde converge tudo aquilo que amo. Certo sentido de unidade com o sol e com as pedras. A excitação de um agradecimento a quem interessar possa — ao gênio contrapontístico do destino humano ou aos suaves espíritos brincando com um mortal cheio de sorte."

SONDANDO A ESTRANHA FELICIDADE DO CAÇADOR DE BORBOLETAS

Para o alegre caçador de borboletas, a natureza estava, antes de tudo, contida dentro do próprio homem. Na íris azul-escuro de seu filho recém-nascido, Dmitri, VN viu "algo elusivo, deslizando, nadando... que parecia ainda reter sombras absorvidas de antigas florestas fabulosas, onde havia mais pássaros que tigres e mais frutas que espinhos, e onde, em alguma profundeza rajada, a mente humana havia nascido". Numa reflexão esplêndida, pensava Nabokov, a mente humana, nascida da natureza, estava certamente destinada a mirar de volta o seu próprio milagre. E ele acreditava firmemente que a natureza daria o dom da felicidade ao observador cuidadoso. O dom de enredar a surpresa primeva, o humor, as esplêndidas variações de suas delicadas formas. "Veja", ele sussurraria, o marrom da parte inferior dessa reluzente borboleta-azul, aquela súbita convergência de pintas de pavão numa asa, os dentes minúsculos e as esporas da genitália de uma borboleta...

A filosofia natural de Nabokov? *Primeiro* — OBSERVE! O jardineiro que se furta de pôr os olhos numa asa turquesa perdeu um mundo. *Segundo* — NOMEIE! O cientista, "sem o qual o policial não poderia distinguir uma borboleta de um anjo ou de um morcego", vai nos dar uma mão. Nomear besouros e borboletas corretamente é a porta de entrada para se apreciar os detalhes lendários das suas distinções. Humbert Humbert, por sua vez, tateia na ignorância viscosa, enquanto olha embasbacado para "alguma vistosa mariposa ou borboleta", para "rastejantes moscas brancas" ou para "o inseto que percorre paciente a parte interna da janela". Van, num contraponto cômico à irmã obsessiva, não se dá de forma alguma com os insetos. E embora, em geral, mantenha sua aversão para si, numa tarde de exasperação amaldiçoa a criatura alaranjada (descoberta pelo "Professor Nabonidus"), que conquistou o coração de Ada, um "maldito inseto" acomodado languidamente num tronco de álamo.

No universo de VN, porém, o júbilo do conhecimento puro serve a propósitos inteiramente gratuitos, o que significa dizer — aos propósitos mais altos que a humanidade chegará a conhecer. "Descobri na natureza os encantos sem utilidade que buscava na arte. Ambos eram uma forma de magia, ambos eram um jogo de encanto e engano intricados." A natureza e a arte podem conter a mesma medida humana da plenitude. E por trás dessa plenitude jaz a intuição de que os extraordinários desígnios da arte e da natureza refletem outras harmonias, ainda mais remotas e insondáveis. É "quando nos damos conta de que, para além de todos os seus fiascos e tolices, a textura interior da vida é também uma questão de inspiração e precisão".

PLIM! A arte na natureza! VN estava hipnotizado pelo "mimetismo", o giro estranhamente criativo da natureza, que às vezes se estende para além da rima e da razão da "seleção natural". O ardil formidável de um inseto imitando outro, para escapar do predador, mas levando a arte da imitação bem mais longe do que a capacidade de detecção de seu próprio predador. As incontáveis máscaras arlequinais do mundo natural. "A enorme mariposa que, em estado de repouso, assume a imagem de uma cobra olhando para você; de uma mariposa geométrida tropical, colorida na perfeita imitação de uma espécie de borboleta infinitamente distante dela no sistema da natureza..." E gosto, muitíssimo, de uma foto de VN mostrando ao repórter da *Sports Illustrated*, a quem depois descreveria seu cardápio de borboletas, a "coloração perturbadora" na forma de manchas brancas numa asa: "Um pássaro se aproxima e considera por um momento. São dois besouros? Onde está a cabeça? Que lado é qual? Naquele mesmo instante a borboleta escapa. Esse mero segundo salva aquele indivíduo e aquela espécie." Ou aqui vai outra forma: "Ela tem uma letra C curiosamente formada. Imita uma fresta de luz passando por uma folha morta. Não é maravilhosa? Não é engraçada?"

PLIM! E vice-versa num espelho, a natureza na arte! Num dos primeiros contos de Nabokov, lembro-me da imagem estranha e empolgante de "uma terna, arrebatadora, quase humana felicidade" a irradiar de uma mariposa nascendo. Numa outra história, um colecionador alemão anseia, secretamente, explorar borboletas estrangeiras, tropicais. Mas, quando está prestes a seguir para a

Espanha, para os mares do sul e as aventuras de toda uma vida, morre de ataque cardíaco no chão da sua própria loja de borboletas. Embora sem o saber, VN argumenta, o colecionador de fato viajara para bem longe, "muito provavelmente visitou Granada, Múrcia e Albarracín, e depois viajou ainda mais longe, ao Suriname e à Taprobana; e não se pode duvidar que viu todos os gloriosos insetos que desejava ver". Sua imaginação era tão ardentemente, tão desoladoramente real quanto a própria "realidade". E embora fosse muito mais difícil representar os trópicos, ele "experimentava angústia ainda mais aguda quando o conseguia, porque nunca conseguiria pegar uma altiva *Morpho* brasileira, tão ampla e radiosa que emitia um reflexo azul na mão da pessoa, nunca toparia com aquelas multidões de borboletas africanas aglomeradas como inúmeras bandeirinhas elegantes na rica lama negra, subindo numa nuvem colorida quando sua sombra se aproximava".

PLIM, faz a varinha de condão! Os ardores e os arvoredos! A arte e a natureza elaborando magias gêmeas. O próprio VN, em forma de deus pagão, criando a maioria das borboletas em *Ada* — todas exceto, talvez, uma ou duas. "A canção de um passarinho bis-bis toscano ou de um sitka kinglet num cemitério de ciprestes; o sopro mentolado de uma segurelha-das-hortas ou de uma yerba buena numa encosta do litoral; o movimento dançante de uma borboleta azul-do-céu ou de uma eco-azul." Ele também afirmou ter criado uma árvore, embora esta leitora seja uma naturalista muito deplorável para identificar a tal árvore. Mais eis o que contava acima de tudo: ao longo de centenas de páginas ondulantes, "tudo era lindo como nem a natureza nem a arte podiam forjar, lindo como apenas acontece quando essas duas se dão as mãos".

RETRATO DE UMA NABOKOVIANA COMO PRETENSA CAÇADORA DE BORBOLETAS

Inspirada pela felicidade do naturalista, resolvi fazer uma tentativa por conta própria.

Verdade seja dita, cresci numa cidade bastante grande, e minha família e eu raramente conseguíamos ir ao campo. Na infância, o mais próximo que cheguei de uma vaca foi mais ou menos a cento e sessenta quilômetros por hora, numa rodovia. À distância, tinha imaginado o animal à maneira das garrafas de leite, coberto de curvas cremosas em preto e branco, escondendo timidamente a bolsinha rosada. Fiquei um pouco perplexa pelo acinzentado robusto da criatura que encontrei num hotel-fazenda, com a absurda idade de dezessete anos. Não é preciso dizer que eu tinha um interesse praticamente nulo por animais e absolutamente nenhum pelos insetos. Em suma, fiquei entediada. Mariposas e lagartas eu achava que eram, no mínimo, desagradáveis. Os himenópteros (que logo mais voltaremos a ver) eram repelentes.

Porém, já que estava caçando a plenitude nabokoviana, me decidi a observar não apenas mariposas e borboletas, mas também uma lista desconcertante de árvores e flores. Numa tarde chuvosa, numa colina, notei (reconheço que com alguma ajuda) as cerdas pungentes de aspargos selvagens, os padrões venosos da figueira-doida, o cheiro espinhoso das limeiras após a chuva (etc. etc.). Numa onda de irresistível entusiasmo, logo comprei, depois de horas de leitura diante de pilhas de manuais, *O grande livro das flores de jardim: um guia para o cultivo de lindos anuais, perenes, bulbos e rosas*; *As árvores da América do Norte: um guia de campo* (revisto e atualizado); e *Introdução às borboletas da América do Sul*, volume 1. Confesso também ter adquirido furtivamente *O definitivo álbum de adesivos de borboleta*. Folheei, pesquisei, rascunhei, dediquei-me a memorizar uma multidão de nomes, até me dar conta de que, infelizmente, estava fazendo as coisas ao contrário.

Afinal, incapaz de aguentar isso por mais tempo, decidi experimentar a emoção da natureza ao vivo e, prontamente, fui atrás da minha equipagem. Primeiro, visitei uma loja para comprar uma rede de borboletas adequada a uma principiante.

Então, um par de tênis bege e bermudas camufladas, completos pelo chapéu de palha e uma camiseta de algodão branco. Numa sacola de lona, meti um guia de bolso e uma caixa de Band-Aids, para guardar minhas presas.

Daí, disparei com minha rede de borboletas para dentro de um parque nacional espetacular. Um parque? (*Que dis-je!*) Um pomar paradisíaco! No seu extremo sul, pássaros arborícolas pintados dançavam em árvores-da-vida. A torto e a direito, vi malmequeres, amarantos e amoreiras. Enquanto avançava cuidadosamente rumo às cascatas do sul, amieiros e limeiras me saudavam com suaves raspões e doces sussurros. Mandrágoras e velas-de--fada cobriam os caminhos, enquanto canários, grilos e periquitos se reuniam nos arbustos de jasmim. Ah, e os basiliscos também. E as borboletas, vocês se perguntam? Apinhadas próximo das cascatas, logo detectei azuis e brancas brincando entre tremoceiros, gravatinhas e trevos amarelos. (Frustrada!) Borboletas-gema passavam pelos álamos, enquanto panapanás pousavam em açafrões. (Frustrada novamente!) Mesmo assim, a tremulação das laranjas-de-cobre misturava-se ao piscar das rubro-encanto e às pinceladas das borboletas--pavão, enquanto as rabos-de-andorinha rivalizavam em esplendor com as azul-primavera, com o brilho das monarcas e com os matizes mais claros das ninfalídeas agitando-se por cima do borrifo da queda-d'água.

Tomada por uma sensação de enlevo, entusiasmada de participar dos abundantes encantos da natureza, pus de lado minha sacola, tirei os sapatos, as meias *et altri*, e fui correndo de pés descalços, pulando heliotrópios púrpuras e arbustos de bérberis, com a rede de borboletas enfunada e leves sombras em losangos deslizando por sobre minhas costas nuas. Então, afinal, apanhei minha primeira beldade alada, girando o punho habilmente para prendê-la de vez. Rapidamente corri até minha sacola e tirei a coisinha de dentro da rede enrolada. E agora, matá-la! Apanhei seu abdômen, apertei-o agilmente, tal como descrito no guia. Curiosamente, no entanto, errei por meio centímetro, espremendo em vez disso a parte glutinosa das suas asas posteriores. Mas, minutos depois, consegui (por conta própria) associar com precisão a criatura ao desenho de uma branca-repolho em meu guia. Ah, a plenitude! Afinal, enredada. Sentada bem quietinha na minha caixa de Band-Aids.

Estou mentindo um pouco.

O mais perto que cheguei dessas beldades naturais foram as borboletas exaladas por palavras; em *Ada*, mas talvez, particularmente, em *O dom*. A natureza e a arte juntando seus ardis, essa era uma linguagem que eu entendia. Era, eu sabia, a única linguagem capaz de mover os sentimentos, a lembrança, quando de tempos em tempos me arriscava a sair e procurar mundo afora. Em *O dom*, Fyodor relembra as lições de seu pai, um ilustre explorador e entomólogo: "Ele me contou do cheiro das borboletas — almíscar e baunilha; das vozes das borboletas; do som lancinante largado pela monstruosa lagarta de uma mariposa-morcego da Malásia... da astuta borboleta que numa floresta brasileira imita o chiado de um pássaro. Ele me contou do talento artístico para o disfarce mimético." E assim continuava seu relato: "Miríades de piérides brancas... flutuando mais longe, indo parar, por volta do anoitecer, nas árvores, que ali ficam até a manhã seguinte como que semeadas de neve — e então elas levantam voo novamente, a fim de seguirem a sua jornada — para onde? Por quê? Um história ainda não concluída pela natureza ou, então, foi esquecida... Com um estranho voo louco, diferente de tudo mais, a borboleta branqueada, quase irreconhecível, escolhe uma clareira seca, 'rola' para dentro e para fora das figueiras de Leshino e, ao final do verão, em cabeças de cardo e ásteres, com sua adorável prole rosada já se encontra deleitando-se na vida. 'O mais tocante de tudo', acrescentou meu pai, 'é que nos primeiros dias frios se dá um fenômeno inverso, a vazante: a borboleta dispara rumo ao sul, para o inverno, mas, é claro, morre antes de alcançar o calor'."

Isso eu imaginei, e me consumia em histórias inacabadas e florestas longínquas, tramando e sonhando vê-las através da transparência de meus estranhos voos da imaginação.

CAPÍTULO 12

UMA AVENTURA DO LEITOR NA FELICIDADE

(Onde o escritor se retira para os bastidores e
o leitor audaciosamente toma a frente)

Dê-me um leitor criativo;
esta história é para ele.

ocê está prestes a começar o décimo segundo capítulo de *O encantador*. Satisfeito, põe dois travesseiros atrás da cabeça, se enrola na colcha e desliga a TV. Vira de lado e ajusta a lâmpada de leitura, para ter certeza de que o halo seja projetado bem na página. Contando que não vai mais precisar do *Dicionário Oxford da língua inglesa*, você o empurra para o canto mais distante da mesa de cabeceira. Esfrega os olhos, boceja com a boca bem grande, já que ninguém está vendo, e se vê deslizando em espiral para dentro de uma cóclea na calada da noite. Você olha para baixo e distingue vagamente um buraco mergulhado numa névoa dourada e, a cada volta frenética, a cóclea parece desaparecer acima da sua cabeça. Louco para enxergar através da névoa, você segue numa velocidade cada vez mais alta e, de repente, seu pescoço fica extremamente fino, seus ombros

incrivelmente pequenos, suas pernas tão compridas que quase não consegue sentir os pés, e zum — você escorrega para dentro do buraco.

Após uma queda extraordinariamente longa, você pousa de braços abertos num bosque de lariços. Aturdido, levanta-se devagar, bate o pó do pijama e olha ao redor. Cerca de dois metros à sua esquerda, você vê um tabuleiro de xadrez vermelho e três postes de madeira, com placas rabiscadas em giz branco: TOCA DE DODÔ, COVIL DENTE-DE--LEÃO, DEMÔNIA. Um regato corre paralelamente à terceira placa e, embora pareça estar ligeiramente fora da estação, nesta primavera fresca, você vê de relance uma borboleta azul mergulhando sua fina tromba na contracorrente. Tão logo você se aproxima, ela desaparece. E, por um momento, em vez do inseto palpitante, você vê sua imagem mirando--a diametralmente de volta. Assustado pela própria expressão, dá um passo para trás e pondera.

Você leu numa crônica que certos viajantes enfeitiçados que partiram rumo a Demônia nunca mais retornaram. Além disso, desde os tempos imemoriais, "imperadores, ditadores, padres, puritanos, filisteus, moralistas políticos, policiais, carteiros--chefe e pedantes" advertiram que Demônia é uma região perigosa, onde viajantes inexperientes sofrem alucinações severas. Demônia, eles sussurram, jaz além das montanhas mais altas, numa terra coberta de areia, rodeada de aves de rapina brancas e infestada de insetos... Você está um pouco hesitante, mas diz para si mesmo, tal como a grande Vivian Darkbloom notou certa vez, que "a curiosidade é a insubordinação na sua forma mais pura", e, com um arrepio de medo, toma a terceira via.

Logo, alcança o limite do bosque de lariço e caminha ao longo de um pálido lago e entre áridos pinhais. Um trecho mais adiante, você dá num estreito desfiladeiro. E enquanto está marchando morro acima, ofegante e corado, começa a cantarolar uma canção de ninar no frescor daquela manhã:

> *Jamais descer o regato encantado—*
> *Permanecer no brilho dourado—*
> *A vida o que é senão algo sonhado?*

Horas depois, ao que parece, por acaso você encontra uma nova placa brilhante, apontando para cima: "ESTREITO DOS SONHADORES DESCONHECIDOS". Dessa vez, há apenas uma placa, então você segue adiante, com calma. Depois de trilhar bem mais do que esperava, está prestes a sentar-se numa pedra redonda, quando nota um livro que um visitante deve ter deixado para trás. Com um leve sobressalto, imagina que ele possa não ter conseguido refazer o caminho de volta, já que o livro — *Ada ou ardor: crônica de uma família*, de Vladimir Nabokov — ainda está ali, intocado. Você abre o livro no extremo errado, um mau hábito do qual secretamente se envergonha, e dá uma olhadela nas últimas páginas:

Ardis Hall — os Ardores e Arvoredos de Ardis —
este é o leitmotiv ecoando através de Ada, uma
crônica extensa e agradável, cuja parte central é
encenada numa América brilhante de sonho —
pois não são nossas memórias de infância compa-
ráveis às caravelas vindas de Vineland, circun-
dadas indolentemente pelos alvos pássaros de um
sonho?

Embora saiba que não deveria fazer isso, você logo pula para o parágrafo abaixo:

O restante da história de Van se volta franca-
mente e pitorescamente para seu longo caso de
amor com Ada. É interrompido pelo casamento
dela com um criador de gado do Arizona, cujos
fabulosos antepassados descobriram nosso país.
Após a morte de seu marido, nossos amantes se
reencontram.

Você está um pouco intrigado. Abre o livro novamente e, na primeira página, examina a árvore genealógica da família, que introduz essa crônica. A homônima Ada se casa com um certo Andrey Vinelander (o criador de gado). Você coça o pescoço e passa de novo para o final do livro. "Brilhante de sonho"... você gosta da expressão e já planeja usá-la em alguma oportunidade, passando-a adiante, discretamente, como se fosse sua. De fato, gosta da frase inteira, gosta da sensação untuosa da mistura das palavras, pode senti-las passando por você como uma caravela deslizando em águas verde-azuladas. Ainda que, pensando bem, você não saiba exatamente o que elas significam. "Pois não são nossas memórias de infância comparáveis às caravelas vindas de Vineland, circundadas indolentemente pelos alvos pássaros de um sonho?" Você está irritado, mas cada vez mais curioso. "Vindas", particípio passado, feminino, plural ("vir, vieram, vindas", murmura uma oréade à sua orelha). "Caravela" resgata, imediatamente, de um livro de história da escola primária, o desenho de um lindo navio, cheio de mastros e velas, que trouxe Colombo ao Novo Mundo. Quanto a "vineland", com *v* minúsculo, você desconfia que signifique apenas uma região de vinhas. Mas como queria ter à mão aquele dicionário para conferir... Então, olha ao redor, meio que esperando encontrar um deixado em algum lugar entre as ervas daninhas, ou pelo menos um livro de regras para entender frases obscuras, quando, por uma fração de segundo, você podia jurar que uma criaturinha endiabrada, de íris esverdeada e cabelos vermelho--raposa, acocorou-se por trás de um arbusto espinhoso a contemplá-la impertinentemente. Ela larga um riso de sereia e, antes que você tenha tempo de respirar, some no vento, com as saias leves flutuando no ar. Um instante depois, você nota um exemplar novinho do *Dicionário Oxford da língua inglesa* (que com certeza não estava ali antes, você pensa com seus botões) deixado claramente entre os arbustos. Na capa do exemplar grosso está uma nota com as palavras "LEIA-ME", cuidadosamente escritas em caixa-alta. Embora bastante aturdido, você alcança o volume e o folheia até encontrar "vineland": "terra particularmente adequada para o cultivo de vinhas". O que então é uma "caravela vinda de Vineland"? Uma caravela com vinhas? Uma terra de vinhas criando uma caravela? Uma caravela feita de pau vinhático? Na dúvida, você consulta "caravela", "(kār'a-věl') subs. f. Naut. Qualquer das várias espécies de pequenos veleiros leves, especialmente aquele com dois ou três mastros e vela latina, usado pelos portugueses e espanhóis nos séculos XV e XVI". Você, sendo quem é, se emaranha na expressão "vela latina", então consulta esta também: "Uma vela frente-e-ré triangular usada principalmente no Mediterrâneo."

Agora, metido dentro de um sonho náutico, você anda de um lado a outro ao longo da borda. E por um instante você pode quase discernir a silhueta de um duende agitando-se em direção ao limite das árvores. Então, do nada, de repente você se dá conta. Lembra-se da última vez que embarcou num avião (parece que já faz séculos). Lembra-se da voz da aeromoça, na sua cadência monótona: "Após a decolagem, os passageiros devem permanecer sentados e aguardar o sinal antes de desafivelar os cintos de segurança." Desafivelar, desafivelar, deVinelandar... Poderia significar apenas desabrochar numa terra de vinhas? Mas que *vineland*? E quais memórias de infância deslizam rumo a essa terra de onde vêm caravelas rodeadas de pássaros brancos? Você confere novamente "vineland", e dessa vez nota a segunda definição, que lhe havia escapado de primeira. "Vineland" (*v* maiúsculo): "Uma cidade ao sul de Nova Jersey." Poderia a nossa caravela estar obedientemente rompendo as águas da Espanha até o sul de Nova Jersey? Por sorte, imprensado entre as páginas do seu vigoroso dicionário há um mapa rodoviário dos Estados Unidos (e ainda que num dia normal você pudesse ter ficado perplexo, no momento isto lhe parece natural). Você puxa-o para fora e passa uma vista nele sob a luz da tarde, os raios de sol acariciando as curvas de vermelho e amarelo no papel. E encontra: Vineland, bem a oeste do litoral de Nova Jersey, a pelo menos uns cinquenta ou mesmo oitenta quilômetros de distância. Você considera por um só minuto desesperado, porém cuidadoso, a possibilidade de Vineland ser famosa pelos seus entrepostos de caravelas, mas então desiste, admitindo (um pouco a contragosto) que chegou a um beco sem saída. Num último esforço, puxa do bolso do pijama um esfarrapado *Guia de excursões pela América do Norte* e começa a folheá-lo pelo índice remissivo... para baixo, para cima, para baixo, para cima, Vista Palace, Vinhedos da Califórnia, Vineland, CANADÁ! Você volta as páginas e larga um pretensioso **RÁ!** retumbando assustadoramente por entre os penhascos recortados: "Diz a lenda que há mil anos um remoto viking chamado Leif o Sortudo descobriu uma terra agradável, morna e fértil, a leste da Groenlândia. Ele a chamou de Vineland. No espírito da aventura e descoberta viking, Vineland gostaria de ajudá-los a descobrir o esplendor natural e tranquilo da antiga Vineland, plena em uma calorosa e moderna hospitalidade marítima." Vineland, Vineland... Vinelander, "cujo fabuloso antepassado descobriu nosso país"! Você se levanta e dá uma cambalhota por cima da sua pedra redonda. "Pois não são as nossas memórias de infância comparáveis às..." velas latinas brancas velejando rápidas rumo ao Novo Mundo, como os jovens e langorosos sonhos de um futuro em formação?

Você reanima a coragem e parte em direção ao cume lilás que pode claramente enxergar à distância. O sol começa a se pôr ao pé das montanhas e desenha um véu carmim por cima das planícies ao longe. Mas, antes de que possa fazer uma pausa para retomar o fôlego e observar tranquilamente o novo entorno, o livro que havia apanhado, em cima da pedra, escorrega das suas mãos e se abre na mesma página brilhante de sonho (a que você deve ter aberto com firmeza da primeira vez). Você a traz para mais perto dos olhos e lê sob a luz pálida: "Antes que possamos fazer uma pausa para retomar o fôlego e observar tranquilamente o novo entorno em que o tapete mágico do escritor, por assim dizer, nos derramou..." Não fica surpreso. Esperava que alguma coisa assim acontecesse, ou pelo menos queria que acontecesse. Você está sendo impertinentemente sonhado pelo seu próprio livro. Então, você volta para a página número um.

CAPÍTULO 13

A ABOCANHADA DA FELICIDADE

(Onde o escritor usa palavras cintilantes e o
leitor as engole uma por uma)

em certas palavras que nos deslumbram e nos dão prazer, cintilam e reluzem como estrelas numa noite clara, luminárias da luminescência que seduzem os olhos rumo a esferas ardentes até hoje ocultas. Eis aqui algumas dessas breves faíscas que cintilam em minha direção como pó de ouro na página de um manuscrito iluminado. Embora para algumas pessoas elas possam permanecer adormecidas — meras letras ignorando-se indolentemente —, talvez venham a dar as mãos com graça, enquanto você tira uma soneca, e rebrilhem na sua noite palpebral. E talvez diversas outras letras venham a tombar diante dos seus olhos e provocá-lo com as suas canções, enquanto minha tolice passa por elas completamente. Mas estas são as que me animam a curiosidade. Uma abocanhada na deliciosa alegria literária.

"LEIA-ME"

BARRADO DE AZUL

"Fabulosos e insanos que me deixavam exangue e barrado de azul." (*Lolita*)
Faixas loucas de névoa azul flutuando sobre o cerebelo.

CARREGADO DE CÉU

"Uma nuvem muito clara abria seus braços e se deslocava na direção de outra um pouco mais substancial, pertencente a um sistema mais lento, mais carregado de céu." (*Lolita*)
Empanturrado de nuvens de sol. Também, o abdômen pós-plenitude, em noites barradas de azul.

CIMITARRA

"Sua formidável escrivaninha, com nada por cima do exagerado couro escuro senão um imenso e curvo abridor de cartas, uma autêntica cimitarra de marfim amarelo, esculpida de uma presa de mamute." (*Fala, memória*)
Pode-se imaginar essa cimitarra chique como sendo a arma predileta de Nabok Murza. A lâmina de mamute que Nabok mantinha consigo para afrontar as barrigas teutônicas que partissem contra a

Tartária. (Volte ao Capítulo 8 para uma participação especial.)

CÓCLEA

"Ele ficou um tempo deitado no divã preto, mas isso parecia apenas aumentar a força da sua obsessão passional. Decidiu voltar ao andar de cima pela cóclea." (*Ada*)
Uma escada de conto de fadas se ergueu e no mesmo momento deslizou para o Capítulo 12.

CONCOLORIDO

"Quando primeiro encontrei Tamara — para lhe dar um nome concolorido com o seu verdadeiro — ela tinha quinze anos, e eu era um ano mais velho. O lugar era o campo acidentado, porém gracioso (abetos negros, bétulas brancas, turfeiras, campos de feno e áridos pinhais), bem ao sul de São Petersburgo." (*Fala, memória*)
Um adjetivo combinatório latinizado. "*Tamara et Lyussya puellae concolorae erant. Catamounti, cougari, pantheri et pumae felini concolori sunt.*"

CREPÚSCULO

"Um lampião de querosene grande, com tanque de alabastro, é conduzido no crepúsculo. Flutua gentilmente e repousa; a mão da memória, agora na luva branca do lacaio, coloca-o ao centro de uma mesa redonda." (*Fala, memória*)
Uma palavra ou criatura flutuando gentilmente no lusco-fusco. Um segundo antes do pôr do sol, as asas de escurecimento de uma mariposa-luna prestes a pousar numa nogueira amarga.

ESTRATAGEMA

"O interesse que pessoas completamente desconhecidas dirigiram a ele parecia cheio de estratagemas cruéis e perigos incalculáveis (linda palavra — estratagema — um tesouro numa caverna)." (*Nicolai Gógol*)
Evoca tesouros estrategicamente escondidos em outras cavernas: gato-urso — um felino enorme; colágeno — uma abelha presa num cristal; zoogleia — uma experiência feliz numa jaula.

FATAMORGANA

"A cidade era recém-construída, ou reconstruída, no terreno plano ao fundo de um vale de dois mil

metros de altura; logo deixaria Lo entediada, esperava eu, e decidiríamos seguir para a Califórnia, até a fronteira mexicana, até angras míticas, desertos de *saguaro*, fatamorganas." (*Lolita*)
Miragens derretendo-se ou feiticeiras etéreas. Ao meio-dia, pode-se ouvir fadas Morganas cantando que o amor — o verdadeiro amor de sonetos e odes, de confissões eróticas e crônicas ardentes — nasce em manhãs abençoadas, quando cavaleiros extravagantes galopam rumo a fossos longínquos, torres crenuladas e portas rangentes. E quando escutam a voz aflautada de uma donzela... (Para os vários desdobramentos dessa história, favor voltar ao Capítulo 5.)

FRITILÁRIA

"E o sabor do talo de grama que eu estava mastigando misturou-se à nota do cuco e à decolagem da fritilária." (*Fala, memória*)
Uma borboleta marrom — da charmosa família das ninfalídeas — que exibe pintas pretas nas asas dianteiras e prateadas na parte de baixo das traseiras. Pode causar lampejos interessantes de sinestesia, referentes aos deleites fricativos do frêmito das fritilárias ou aos voos da imaginação que misturam doces mil-folhas glaçados com asas salpicadas.

GREDA

"Quando voltei os olhos para um canteiro de flores em forma de rim (e notei uma pétala rosa caída na greda e uma pequena formiga examinando sua borda deteriorada), ou quando considerei o umbigo curtido de um tronco de bétula, onde um vadio descascara-a de sua pele empapelada, casca de sal e pimenta, eu de fato acreditava que..." (*Fala, memória*)
Adubo poético. Remete aos versos de um poeta talentoso: "No crepúsculo eu cruzo / cortando as fulvas espumas da greda."

HIMENOPTEROIDE

"Considere os truques de uma lagarta acrobata (da mariposa-lagosta), que na infância se parece com excremento de ave, mas após a muda desenvolve apêndices himenopteroides e características barrocas, permitindo que o extraordinário indivíduo desempenhe dois papéis ao mesmo tempo." (*Fala, memória*)
Criaturas pretensamente sofisticadas, muito embora desagradáveis, e que levam a cabo sua metamorfose (exceto as borboletas). Sujeitas a ferroar ou cortar. Causam forte impressão quando referidas *bruscamente* na conversa de um jantar fino, quando se quer insistir no infeliz dano colateral de férias subtropicais.

HIPERBÓREO

"Foi também um inverno particularmente severo, trazendo tanta neve quando Mademoiselle pudesse ter esperado encontrar na tristeza hiperbórea da remota Moscóvia." (*Fala, memória*)
O sombrio inverno glacial no norte da Rússia, tal como romantizado por uma governanta francesa recém-chegada de trem a São Petersburgo. Os hiperbóreos podem ser vistos deslizando como fantasmas por sobre o gelo azul-glacê, para além do vento norte, nos confins míticos da Mãe Moscóvia.

KZSPYGV

"A palavra para o arco-íris, para o primevo, porém decididamente turvo arco-íris, é, na minha língua particular, a arduamente pronunciável: *kzspygv*." (*Fala, memória*)
Um hieróglifo banhado em sol. Num único suspiro: um "*k* mirtilo", um "*z* nuvem de trovão", um "*s* azul-madrepérola", um "*p* maçã-verde", um "*y* dourado-vivo", "um rico *g* elástico" e um "*v* rosa-quartzo" — *kzspygv*.

LAMPEJAMENTO

"Eu não tinha nada — exceto uma única luz no lustre potencialmente refulgente do quarto de

Mademoiselle, cuja porta, por decreto do nosso médico de família (eu o saúdo, dr. Sokolov!), permanecia levemente aberta. Sua faixa vertical de lampejamento (que as lágrimas de uma criança conseguiam converter em deslumbrantes fulgurações de compaixão) era algo no qual podia me agarrar, já que na escuridão completa a minha cabeça nadava e a minha mente se fundia numa caricatura de agonias." (*Fala, memória*)

Logo você vai notar essas Linhas de Luz em forma de L sob uma porta obscura.

NINFETOLÂNDIA

"Minha Lolita... cheirando aos pomares da ninfetolândia; desajeitada e muito animada, e vagamente depravada, os botões de baixo da sua blusa abertos." (*Lolita*)

Um país das maravilhas visto através de um binóculo, de cima de uma macieira na Humberlândia.

PALPEBRAL

"O borrão colorido, a punhalada da pós-imagem, com a qual a lâmpada que se acaba de apagar fere a noite palpebral." (*Fala, memória*)

Um sinônimo chique para o escuro mundo inferior que jaz por baixo dos olhos fechados. A cortina negra que desce diante dos olhos antes de um cochilo, com o livro à mão.

PERI

"Os sentidos de Demon devem ter sido influenciados por um estranho prazer incestuoso (o que quer que este termo queira dizer)... quando ele a acariciou e saboreou e delicadamente abriu e profanou, de modo inominável mas fascinante, a carne (*une chair*) que era ao mesmo tempo aquela da sua esposa e a da sua amante, os luminosos e misturados encantos de uma peri gêmea, água-marinha ao mesmo tempo única e dupla, uma orgia da aliteração epitelial." (*Ada ou ardor*)
Uma sedutora fada da mitologia persa. Uma beldade caída do paraíso, ou em um espelho emoldurado em turquesa, uma demônia. Uma pista você encontra voltando ao Capítulo 2.

PLENITUDE

"Eu me dei conta de que o mundo não representa absolutamente uma luta, ou uma sequência predatória de eventos fortuitos, mas tremulante plenitude, beneficente trepidação, uma bênção brindada a nós e não considerada." ("Beneficência", *Contos reunidos*)

Um Lote de Lúcidas Imagens Deslizando por Cima das Sibilantes. Também, a emoção de ver nebulosas escuras lentamente se transformando em esferas lucíferas.

ROSA-QUARTZO

"Hoje afinal encontrei a combinação perfeita entre *v* e o 'rosa-quartzo' no *Dicionário das cores*, de Maerz." (*Fala, memória*)

A cor do solar de Voldream, propriedade de Voldemar, o Mágico (também aludido como "Voldemar de Cornell" no Capítulo 8.) Em seu sótão rosa-quartzo, Voldemar guardava um dicionário colossal, contendo fórmulas tão ricas e estranhas como só aquelas utilizadas por ele mesmo. Numa tarde tórrida, no final de agosto, Voldemar enfim convocou o seu aprendiz abelhudo e apontou para uma escada de cristal que levava ao telhado. O aprendiz, que não precisava ser instado mais de uma vez, subiu correndo as escadas, chegou ao telhado rosa-quartzo com uma pancada surda de seu crânio em forma de ovo e, cuidadosamente, debruçou-se sobre o livro dos livros de Voldemar. Em algum lugar, parecendo vir de tão longe, Voldemar gritava qualquer coisa a respeito de ânsias ou instâncias. O aprendiz, indiferente à voz que diminuíra até se tornar um leve sussurro, já folheava o livro num ritmo furioso. Mas, quando estava *justamente* decifrando sua primeira consulta, viu-

-se de relance — como se estivesse na tela de um filme da Miramax — correndo loucamente em meio a uma planície pedregosa, em algum lugar num século distante, rumo a tártaros galopando munidos de armas pontudas e terríveis...

RUMOREJO

"Quando aquela perolada linguagem dela rumore-java e cintilava." (*Fala, memória*)
Ondular e murmurar como um regato de palavras francesas. "*Désirez-vous une tartine au miel?*" (Os lábios devem formar um pequeno "o".)

SUB-ROSAMENTE

"Ele tinha modos graciosos, um temperamento doce, uma caligrafia inesquecível, toda de espinhos e cerdas (semelhante à qual vi apenas nas cartas dos loucos, que, infelizmente, às vezes recebo desde o ano da graça de 1958), e uma ilimitada provisão de histórias obscenas (que ele me alimentava *sub-ro-samente* numa voz sonhadora, aveludada, sem usar nenhuma expressão grosseira)." (*Fala, memória*)
Uma rosa secreta, selecionada de uma famosa rima medieval (normalmente oxítona na expressão latina original, *sub rosa*): "*Sub-rosamente o astuto poeta enre-da o efeito / da encantadora fada em um mero soneto.*"

UMBELÍFERA

"A cauda-de-andorinha de junho de 1906 estava ainda em estado de larva, numa umbelífera à beira da estrada." (*Fala, memória*)
Uma pequena planta suculenta da família da salsa. Ou seus ecos cavernosos: sombrinha, pássaros, umbela umbrosa, *umbellularia* umbelada, penumbras de Umbriel, guarda-chuvas umbilicais.

ÚVULA

"Pequenas ninfas histéricas, sabia eu, podiam exibir uma gama extensa de temperaturas — até mesmo excedendo as medidas fatais. Decidira dar-lhe um gole de vinho quente temperado, duas aspirinas e debelar a febre a beijos quando, ao examinar sua adorável úvula, uma das joias do seu corpo, constatei que exibia um rubro ardente." (*Lolita*)
Um rubi em forma de V imitando sua irmã em forma de A, em sensual simetria.

CAPÍTULO 14

A FELICIDADE ATRAVÉS DO ESPELHO

(Onde o escritor enxerga para além dos limites da vida e o leitor rouba uma olhadela)

Um pessimista e, como todos os pessimistas, um homem ridiculamente pouco observador...

ssim, no momento em que ele está prestes a revelar um segredo, "a pRRópRRia essência das coisas", vejo VN na ponta dos pés, por trás de um púlpito, com a boca a abrir-se em câmera lenta, a úvula quase a tremer em sua caverna carmim. "Sei mais do que posso expressar por palavras, e o pouco que posso expressar não teria sido expresso, se eu não soubesse mais."

Seu segredo é deixar-se capturar (com a rede em mãos, na ponta dos pés, furtivamente) por trás das suas palavras, no lado inferior da sua prosa. Eis seu diagrama da felicidade.

Começa com uma observação. Acaba, possivelmente, com uma espécie criativa de loucura. E suspeito que nosso autor amplifique sua própria inclinação quando descreve certo "lunático que sentia continuamente que todas as partes da paisagem e do movimento dos objetos inanimados formavam um código complexo de alusões a seu próprio ser, de modo que todo o universo parecia estar conversando a respeito dele, por meio de sinais". A vida inteira era um labirinto de sinais, débeis pontos de luz elaborando esquemas ainda desconhecidos.

As histórias de VN estão repletas de sequências de figuras idênticas, sonhos gêmeos, ocorrências repetidas. Aparecem sob a forma de números encantados de apartamento, galerias de espelhos que se afastam ou borboletas inventadas (a lista poderia se estender numa frase que se desdobra infinitamente). "Alguma lei da lógica deveria fixar o número de coincidências em um dado domínio, após o qual elas deixariam de ser coincidências e formariam, em vez, o organismo vivo de uma nova verdade", devaneia Van, como se respondesse, de uma distante esquina do tempo, a Humbert, que em sua própria história faz o registro, de modo cortante, "dessas coincidências espantosas que os lógicos detestam e os poetas adoram".

Pois esta é a exortação aos poetas: *"Abram seus olhos e avaliem até que sejam capazes de ver!"* Até que as deslumbrantes coincidências revelem, de vez, claro como o dia, o forro de uma nova verdade, um padrão esplêndido, um clarão de significância. Aos homens atentos, esses padrões nabokovianos oferecerão, magicamente, o indício de um "outro-mundo", a beleza inefável e harmônica que está na raiz de uma felicidade infinita. "Sei mais do que posso expressar por palavras..." Involucrada bem fundo na textura da sua ficção há, em última instância, uma fé na extraordinária luz cintilando por cima, por baixo e através de todos nós.

"Não o texto, mas a textura... Não o absurdo banal, mas uma rede de sentido", diz o poeta em *Fogo pálido*. "Exato! Bastava que eu pudesse encontrar na vida alguma espécie de elo-com-martelo, alguma espécie de padrão correlato dentro de um jogo."

Então, depende apenas de nós descobrirmos que a tessitura do verso está no tecido mesmo das nossas próprias vidas.

Um pessimista e, como todos os pessimistas, um homem ridiculamente pouco observador...

Observar, observar incessantemente; acumular na consciência. Então tentar, a cada vez, registrar e recompor seus elementos. No cerne, a dádiva do romance nabokoviano é esta, e apenas esta: um convite a-quem-interessar-possa para se capturar a vida fugaz, fóton a fóton.

E, em todos esses anos, tirei tanta alegria dessa louca recombinação, que — tal como VN certa vez contou a Edmund Wilson, sobre cobrir

árvores com rum para tirar mariposas das noites
— fico tentada a dizer: "Tente, Bunny, é o esporte
mais nobre do planeta."

É tanto uma questão de lembrar-se e conec-
tar-se como também, às vezes, de inventar. Assim,
partindo de compósitos, recompus. De elementos
da verdadeira história de VN, imaginei outras histórias, novos começos. E quando alguma espécie de
significado, provavelmente meio inventado (mas por
isso mesmo ainda mais relevante), surgia, era puro
contentamento, um sentido de harmonia, de "unidade com o sol e com as pedras". Não vou entediá-
-los com detalhes das minhas obsessões. Basta dizer
que, de vez em quando, tal como Humbert saúda
"o azul sonho" de seu automóvel ao final de *Lolita* ("Olá, Melmoth, muito obrigado, meu velho"),
eu saudava VN secretamente. Que as borboletas,
inevitavelmente, invadiam meu campo de visão, la-
ranja, marrom, insetos azuis brilhando nas margens
das coisas mais indiscriminadas (amoreiras, garrafas
d'água, biquínis). Que o número 23 (23 de abril, um
aniversário compartilhado entre VN e Shakespeare)
aparecia em todo canto, em contas, datas, horas, minutos, número de voos (2304, Paris-Genebra; acom-
panhante aguardando no desembarque com cartaz
azul de borboleta), dígitos proferidos casualmente
pelo mostrador cintilante da vida. Que a árvore in-
ventada que não pude identificar no Capítulo 11, fui
achar quando abri *Ada* ao acaso na mesma noite em
que concluí o capítulo ("cedro galês" é tal réu, acho

eu). Que, após pensar em dar à última seção deste livro o nome de "Sobre mil tons de luz", pus o pé fora de casa, olhei para a vitrine de uma loja e notei um livro gasto, intitulado *Mil luzes*. Que quando li a respeito do pôster de Fra Angelico de VN, mencionado no Capítulo 8, dei-me conta de que tinha três diferentes versões do mesmo anjo ajoelhando-se por cima da minha própria escrivaninha em Nova York. Que quando liguei minha televisão americana pela primeira vez, após vários meses, a segunda palavra que ouvi foi Nabokov (e isto num noticiário a cabo!). Que um dia ou dois depois de ler sobre uma lagarta de quinze centímetros, com "segmentos de pelo de raposa" (que instantaneamente associei aos matizes verde e cobre de Lucette), descobri um verme horroroso, de pelos ferrugem e pontas de fio verde, indolentemente vagabundeando dentro da minha banheira... Aos poucos, ridiculamente, imaginava — sim, imaginava, nada mais que isso — minha vida pontilhada por "uma daquelas repetições, uma daquelas vozes 'temáticas' com a qual, segundo todas as leis da harmonia, o destino enriquece a vida dos homens atentos".

Então houve Dmitri, com quem me encontrei no inverno de 2003. Na sua casa em Montreux, durante uma das minhas visitas em anos seguintes, ouvi uma fita chiando com sua interpretação, como baixo, na ópera *Boris Godunov*. Tinha escutado a história frenética da sua vida, fazendo alpinismo no Wyoming e em British Columbia, cantando em Medelín e Milão, pilotando carros esportivos e lanchas, jubilando-se, assim parecia, em cada lacuna deixada pela biografia de VN, antes de se devotar fervorosamente às traduções das obras de seu pai, do russo para o inglês e o italiano.

Ouvi-o falar das próprias tribulações com *Lolita*: uma jornalista havia brincado que ele era "Lolito", o único filho do criador de *Lolita*; mulheres lascivas supondo imbecilidades lascivíssimas sobre a vida de seu pai. Eu procurava passar horas na sua biblioteca, identificando capas estilizadas de livros que nunca tinha visto; versões dos romances de seu pai para o húngaro, o turco ou o árabe; listas de documentários arquivados; fotografia russas dos avós de Nabokov. Examinei as fotos de VN e Véra na década de 1960, a claridade sépia do sol que continuava a cintilar nos seus olhos. Lembro-me, em particular, de uma noite no inverno quando fiquei horas diante de estantes, passando em revista os próprios livros de VN: *Macbeth*, um volume sobre a história da pintura ocidental, outro sobre a poesia do romantismo francês. Li seus comentários à margem dos livros: *"esplêndido"*, *"errado!!!"*. Silenciosamente, tive a sensação absurda de cruzar os fios da vida com Dmitri, uma divertida impressão de maravilha ao discernir nisto um contraponto de meu encontro perdido com seu pai por seiscentos e cinquenta quilômetros. Observei o claro olhar azul de Dmitri, sintonizei na fibra da sua voz, tão próxima à de seu pai, o quanto se pode perceber das gravações, e ouvi distintamente o modo como os dois Nabokov pronunciavam o suave *t* da nobreza russa. E me recordo da "excitação e do glamour" que um jovem expatriado "encontra nos prazeres mais ordinários, bem como nas aventuras aparentemente sem sentido" da vida. Em resumo, eu me sentia feliz.

Poucos meses depois, na primavera do mesmo ano, enquanto permanecia diante da vitrine sombria de uma loja, para me esconder de uma tempestade quase tropical em Nova York, escutei um casal conversando energicamente em russo à minha direita. Tendo eu me arrastado por longos e miseráveis anos de russo intensivo ("verbos líquidos em *ahla* e em *ili*"), me esforcei para decifrar algumas frases aqui e ali, quando, mexendo-me discretamente para ver os seus rostos, não pude deixar de notar uma borboleta incrustada de rubis e diamantes, escandalosamente grande, na vitrine às minhas costas. (Essas borboletas irritantes, pensei.) Então, de volta à rua, olhei para cima e li através das bandas de chuva a placa esverdeada, escrita em fonte New York City fina e branca: Dimitrios Pathway. Sorri tranquilamente e sumi na chuva.

Um pessimista e, como todos os pessimistas, um homem ridiculamente pouco observador...

Em certos dias, invocamos sinais desesperadamente para que nos saúdem, para que insinuem, mesmo que de leve, o que queremos que eles nos digam. Podemos fazer, disparatadamente, as pazes com mortos que nunca amamos e, como Van, esperar um sinal, "um inequívoco sinal, de todo decisivo, de continuidade do ser por trás do véu do tempo, para além da carne do espaço". Mas é claro que nada vem como resposta, nem uma pétala, nem um mosquito.

E, no entanto, de vez em quando, se ousamos imaginar que isso é possível, os sinais logo passam a piscar no escuro. Podemos imediatamente inventar seus caprichosos significados, ou lê-los na própria textura, uma vez que já os vemos de longe.

Eles nos falam sussurrando, um esboço de frases, como numa linguagem arcana quase fora do alcance da voz. "Não vamos a lugar algum", VN insiste, "estamos sentados em casa. O outro mundo nos rodeia sempre e não é, de modo algum, o ponto de chegada de nenhuma peregrinação. Em nossa casa mundana, as janelas são substituídas por espelhos; as portas, até certa altura, permanecem fechadas; mas o ar adentra pelas frestas". Um murmúrio, uma entonação sufocante, uma canção esquecida, porém estranhamente familiar. E bem aí, nessa "escuridão vítrea", emerge "a estranheza da vida, a estranheza de sua mágica, como se uma ponta dela tivesse sido, por um instante, voltada para trás", de modo a nos deixar entrever "seu extraordinário estofo". Ou sentirmos, como o protagonista de *O dom*, que "toda essa baralhada de pensamentos casuais, como também tudo o mais — a costura e a sordidez de um dia de primavera, o ruflar do vento, os rudes fios de sons confusos, entrecruzando-se de modo variado —, não é senão o lado reverso de uma textura magnífica".

A literatura não é senão textura cintilante. "'Gelando' ou 'ládogel'. Acho que *um dia* isso vai acontecer com o todo da vida", escreve Fyodor em *O dom*. A maestria demoníaca das palavras talvez esconda "galáxias divinas", onde a morte pode não passar de um canto suspenso do eterno presente.

Plena luz do dia. Hora de acordar. Não mais um sonho, pois "certamente não é ali — não nos sonhos — senão quando se está plenamente desperto, em instantes de vigorosa alegria e conquista, na varanda mais alta da consciência, que a mortalidade tem a chance de enxergar mais além dos seus próprios limites, do mastro, do passado e da torre de seu castelo. E embora nada de mais possa ser visto através da bruma, há a bem-aventurada sensação de que se está a olhar na direção correta".

Agora, imagine esse rastro de luz.

Plenamente desperto

CAPÍTULO 15

AS PARTÍCULAS DA FELICIDADE

(Onde o escritor revela mil tons de luz e o leitor o encontra novamente)

Luz (subs.): O meio preferido para a compreensão da maravilha de se estar-no-mundo.

 começo de março me trouxe, certa vez, à noite, uma visão transparente de água *reluzindo ao sol* e atravessada por uma *malha de luz*. Quando acordei, as tiras da persiana já haviam listrado dois pés preguiçosamente esticados para fora da minha cama de solteira. *Pingentes de gelo ardiam gloriosamente no sol baixo*, e eu assistia às gotículas de água pingando por trás da persiana, enquanto o *sol irrompia em gemas geométricas*. Abri a janela e admirei o primeiro *mar de folhagem ensolarada* que via desde os últimos dias de meu lento verão. O céu acima formava um *lúcido espaço turquesa* que o frio, a recuar, turbava com as primeiras *convulsões brilhantes* da primavera. Uma *incomum euforia de claridade* instalou-se. Corri descendo as escadas e pisei com os pés descalços nos gélidos tijolos *pintados de sol*, fechei meus olhos e deslizei para dentro de um sonho cristalino. Sob

sua suave superfície, senti o *sol vermelho do desejo e da decisão* queimando como *pequenos anéis de luz viva*. Mas, quando abri meus olhos, algo parecia ter mudado naquele intervalo. Talvez fosse o *brilhante véu* que havia coberto as colinas ao redor, ou a *luz verde-maçã* por trás da miniatura de casa agachada perto do portão do jardim, ou então o *brilho lúgubre* que emanava da garagem.

Em poucos segundos, o céu escureceu e álamos flutuaram numa luz *abrandada pelo crepúsculo*. Um melro gorjeava tremulante, e os *céus escarlate forrados com pele de foca* ameaçavam os últimos *vestígios radiantes de luz do sol*. Fui na ponta dos pés até a garagem, fascinada por esse *punhado de luzes fabulosas* acenando à distância. Hesitante, pisei no gramado *sob o pálido firmamento estrelado*. E, de repente, era verão. Uma *noite radiante, farta de luar*, tão brilhante quanto um *iridescente poema persa*.

A *luz da varanda floculada de mariposas* exalava uma névoa morna. Um pirilampo solitário se contorcia em torno de uma placa de pedra. Vaga-lumes piscavam e desapareciam como *vampiros dourados ou caprichos passageiros do jardim*. A porta da garagem parecia cada vez mais distante dos *arabescos de janelas acesas* brilhando contra o fluir da noite. Por uma *faixa de luz colorida*, a estrada cintilava adiante e as placas ardiam no gramado. Naquele instante, foi como se alguém tivesse, intencionalmente, disposto *grumos mágicos de carbureto* apontando sabiamente na direção da porta da garagem. A vidraça das portas irradiava um *brilho selênico*. Então a *luz recolheu-se*.

Eu me aproximei dele. Ele estava escrevendo com todo o cuidado num pequeno cartão de papel branco apoiado numa caixa de sapatos. Notei o *súbito resplendor de uma luminária isolada*. Aos seus pés, estava uma *lâmpada esmeralda*. E, naquela *arena de esplendor*, ele me olhou por cima dos óculos que adquiriam o *esverdeado translúcido das uvas*. Sorriu como uma esfinge (era o *brilhante escárnio da loucura?*). "Ah, aí está você. Estava esperando. Pensei que não viesse mais." Sua *palidez brilhou*, sua *obscuridade ardeu* na *luz escamosa*. Tentei falar, mas não disse nada e, em vez disso, permaneci boquiaberta diante da *cintilação suave e úmida* das suas pálpebras. "Bem, garota, já que você está aqui, é melhor que se sente." Ele pôs um olho de pintor nos meus pés descalços: "Você é bem pequenina. Está precisando do quê?" Com olhos redondos como bolas de cristal, balbuciei apenas duas palavras, "Meu livro..." "Certo, eu sei." "Queria pedir...", comecei, mas bolhas invisíveis compunham formas silenciosas nos meus lábios. Uma *cintilação dupla*, um L perfeito, deslizou por baixo da porta da garagem. "Uma *letra límpida e luminosa*. A babel prismática da feli...", ele sussurrou e desapareceu. E acho que ouvi uma última expressão: "Assim-chamada!"

Confusa, saí atraída pelo *azul libanês* do céu. Longe, muito ao longe, através de difusas *ca-*

madas de luz, distingui a silhueta de um homem caminhando na direção do horizonte, com sua *lâmpada esmeralda* antes de se dissolver na brisa da manhã, como uma *nuvem violácea tingida* à *meia--luz*. Um *pequeno besouro resplandecente* passou pelos meus tornozelos. Sentei-me, cativada pelo céu, espreitando uma *aurora límpida*, examinando a *luz salpicada do sol* e a *luz verde-limão* da nova manhã. Olhei fixamente para as *clareiras de lúcida suavidade*. Logo o dia *cintilava de ponta a ponta*. E no *clarão da plena consciência*, escutei aquelas *cores que se rejubilavam em silêncio*.

CRÉDITOS

Trechos da obra de Vladimir Nabokov reproduzidos mediante acordo com Dmitri Nabokov, proprietário do espólio de Vladimir Nabokov.
Todos os direitos reservados.
Ilustrações de Thenjiwe Niki Nkosi. Todos os direitos reservados.

FONTES

Quase todos os fatos da vida de Nabokov são tirados da extraordinária biografia em dois volumes de Brian Boyd: *Vladimir Nabokov: The Russian Years*; *Vladimir Nabokov: The American Years*. As citações são provenientes dos romances e contos (ver o Índice completo de citações); da autobiografia de Nabokov, *Fala, memória*; da sua coletânea *Poems and Problems*; do seu ensaio *Nikolaï Gogol*; e dos seus diários. Também usei, de vez em quando, o livro *Strong Opinions*, de VN; as suas *Selected Letters*; as *Lectures on Literature*; o volume *The Nabokov-Wilson Letters*; "On Revisiting Father's Room", de Dmitri Nabokov; e *Véra (Mrs. Vladimir Nabokov)*, de Stacy Schiff. "As deduções", como Nabokov certa vez escreveu, "são inteiramente minhas."

ÍNDICE COMPLETO DE CITAÇÕES

Nota bene: o título *Stories* refere-se aos *Contos reunidos*, de Vladimir Nabokov. Todas as citações de VN são retiradas das edições mais recentes da Vintage. Os volumes *Selected Letters* e *Lectures on Literature* são publicados pela Harcourt Brace; a biografia de Brian Boyd, pela Princeton University Press; e a biografia de Stacy Schiff, pela Modern Library. Todas as demais editoras vão indicadas entre parênteses.

[Nota da edição brasileira: as traduções dos trechos mencionados são de José Luiz Passos, com exceção de *Lolita* (Alfaguara, 2011, tradução de Sergio Flaksman) e *Contos reunidos* (Alfaguara, 2013, tradução de José Rubens Siqueira). Os títulos dos livros a seguir foram mantidos em inglês, como referência às edições originais.]

EPÍGRAFE

Confio nas promessas arrebatadoras do verso que ainda respira, que ainda gira, meu rosto está molhado de lágrimas, meu coração explodindo de felicidade, e sei que essa felicidade é a melhor coisa que existe na terra. ("Torpid Smoke", *Stories*, 400; "Fumaça entorpecente", edição brasileira, 487)

PREFÁCIO

"Se eu tivesse lido tanto quanto os outros homens, seria tão ignorante quanto eles." (*First We Read, Then We Write*, University of Iowa Press, 7)

"Dolly, filha única, nascida em Bras, casou-se em 1840, na idade terna e indócil dos seus quinze anos, com o general Ivan Durmanov, comandante do forte Yukon e honrado homem pacífico do interior, dono de terras no Severn Tories (Severnïya Territorii), aquele protetorado em xadrez ainda amorosamente referido como a Estócia 'russa', que se embaralha, granoblleristicamente e organicamente, com a Canádia 'russa', outrossim, a Estócia 'francesa', onde não apenas colonos franceses mas também macedônios e bávaros gozam um clima pacífico sob as listras e estrelas da nossa bandeira nacional." (*Ada*, 3)

"Somos corteses demais para com os livros" "Por umas quantas frases preciosas folheamos e até lemos um volume de quatrocentas ou quinhentas páginas." (*First We Read, Then We Write*, University of Iowa Press, 11)

"Nobres criaturas furta-cor com garras translúcidas, batendo asas poderosamente." (*Ada*, 20)

"Leitor criativo." (*Lectures on Literature*, 3)

"Nos lançando à nossa morte, desde o piso superior do nosso nascimento, e nos perguntando, tal qual uma Alice imortal no País da Maravilhas, sobre as estampas nas paredes que passam ao redor"... "Esses apartes do espírito, essas notas de rodapé no volume da vida são a forma mais alta da consciência." (*Lectures on Literature*, 373)

"Com os irracionais, os ilógicos, os inexplicáveis." (*Lectures on Literature*, 377)

"As referências empregadas como se fossem garras." (*Ada*, 220)

"Perfeita ventura." (*Bend Sinister*, 58)

"Para além da felicidade." (*Lolita*, 166; edição brasileira, 194)

PRÓLOGO

"Eu, Van Veen, te saúdo, vida!" (*Ada*, 567)

CAPÍTULO I

"Pois a lua ao cintilar sempre me faz sonhar..." (Edgar Allan Poe, "Annabel Lee", *Complete Stories and Poems*, Random House, 738)

"À uma da manhã levantei de um sono breve, com uma angústia horrorosa, do tipo 'é agora'. Gritei *discretamente*, querendo acordar Véra no quarto ao lado, sem sucesso (porque me senti melhor)." (Diário, 24 de abril de 1976; Boyd II, 656)

"Tal qual a lira de Ovídio." (*Selected Letters*, 552)

"Choque terrível." (Schiff, 356)

"Inspiração. Insônia radiante. O sabor e as neves das adoradas encostas alpinas. Um romance *sem* um eu, sem um ele, mas com o narrador, a *visão deslizante*, implícita do começo ao fim." (Diário, 15 de maio de 1974; Boyd II, 644)

"Uma pequena plateia ideal num jardim murado. Minha plateia consistia de pavões, pombos, meus pais falecidos há tempo, dois ciprestes, várias jovens enfermeiras agachadas ao redor e um médico de família tão velho a ponto de se tornar invisível." (*New York Times*, 30 de outubro de 1976; Boyd II, 657)

"Apenas porque você não está lá. Não me importaria estar num hospital se eu pudesse levá-la, embrulhá-la no bolso da camisa e levá-la comigo." (Diário, 21 de setembro de 1976; Boyd II, 658)

"Minha dieta literária é bem mais extravagante, não passo de duas horas de meditação, entre as duas e as quatro da manhã, quando o efeito do primeiro soporífero evapora e o do segundo ainda não começou, além de uma nesga de escrita à tarde, é tudo praticamente de que meu novo romance precisa." (Entrevista de Hugh A. Mulligan com VN, *Hanover Star Bulletin*, 9 de janeiro de 1977; Boyd II, 658)

"Também pretendo coletar borboletas no Peru e no Irã antes de me tornar uma pupa." (Entrevista de Dieter Zimmer com VN, outubro de 1966; Boyd II, 564)

"Tudo recomeça outra vez." (Diário, 19 de março de 1977; Boyd II, 660)

"Delírio leve, temperatura de 37,5º. Será possível que tudo comece de novo?" (Diário, 18 de maio de 1977; Boyd II, 660)

"Meu pai ainda existia." ("On Revisiting Father's Room", Dmitri Nabokov, *Vladimir Nabokov, A Tribute*, Morrow, 134)

"Às vezes" ... "pressentia-se o quão magoado ele estava diante da ideia de ser, de repente, cortado de uma vida cujos detalhes lhe davam tanto prazer, e de um fervor criativo em plena atividade." ("On Revisiting Father's Room", Dmitri Nabokov, *Vladimir Nabokov, A Tribute*, Morrow, 136)

"Certa borboleta já estava em pleno voo." ("On Revisiting Father's Room", Dmitri Nabokov, *Vladimir Nabokov, A Tribute*, Morrow, 136)

"Vamos alugar um avião e bater com ele." (Entrevista com Dmitri Nabokov, fevereiro de 1995 – janeiro de 1997; Schiff, 360)

"Há outra caixa, muito especial, contendo uma parte substancial do incrivelmente original *Original de Laura*, que teria sido o romance mais brilhante de meu pai, a destilação mais concentrada de sua criatividade." ("On Revisiting Father's Room", Dmitri Nabokov, *Vladimir Nabokov, A Tribute*, Morrow, 129)

"Eles pareciam saídos de Shakespeare." (Entrevista de Azam Zanganeh com Dmitri Nabokov, setembro de 2006)

"Não sei se jamais notaram antes que uma das principais características da vida é a discrição." (*Pnin*, 20)

"Se uma película de carne não nos envolve, nós morremos. O homem existe apenas na medida em que se separa dos seus arredores." (*Pnin*, 20)

"O crânio é o capacete do viajante espacial. Permaneça ali dentro, ou morra." (*Pnin*, 20)

"A morte é desinvestimento, a morte é comunhão." (*Pnin*, 20)

"Pode ser maravilhoso fundir-se à paisagem, porém fazê-lo seria o fim do delicado ego." (*Pnin*, 20)

"Quando um novo item brota em minha consciência" ... "meu primeiro impulso mental é o desejo de levá-lo a papai, para sua aprovação, como uma pedra, na infância, esculpida pelo mar numa praia da Riviera; e só um segundo depois me dou conta de que meu pai não está mais aí. Teria ele gostado dessas minhas ofertas?" ("On Revisiting Father's Room", Dmitri Nabokov, *Vladimir Nabokov, A Tribute*, Morrow, 132)

"Margana"; "Dente Transporte". ("On Revisiting Father's Room", Dmitri Nabokov, *Vladimir Nabokov, A Tribute*, Morrow, 132)

CAPÍTULO 2

"O berço balança por cima de um abismo e o senso comum nos ensina que nossa existência não passa de uma breve fresta de luz entre duas eternidades de trevas..." (*Speak, Memory*, 9)

"Senti-me mergulhado abruptamente num meio móvel e radiante que não era outra coisa senão o puro elemento do tempo. Pode-se compartilhá-lo — como banhistas animados compartilham a água reluzente do mar — com criaturas que não eram uma só, mas que foram unidas numa só coisa pelo fluxo comum do tempo." (*Speak, Memory*, 11)

"Na verdade, do cume de meu presente num tempo remoto, isolado, quase desabitado, vejo meu diminuto eu celebrando, naquele dia de agosto de 1903, o nascimento da vida sensível." (*Speak, Memory*, 11)

"Em meio à noite do não ser." (Entrevista de George Feifer com VN, *Saturday Review*, 27 de novembro de 1976)

"Pise, pise, pise..." (*Speak, Memory*, 60)

"Pise, pise, pise e eu tropeçava, você ria." (VN para Elena Ivanovna Nabokov, 16 de outubro de 1920; Boyd I, 177)

"Curiosamente não se pode ler um livro: pode-se apenas relê-lo." (*Lectures on Literature*, 3)

"Jogue!" (*Speak, Memory*, 41)

"Um pequeno intervalo brilhante no parque, distante quinhentos metros — ou cinquenta anos de onde agora estou." (*Speak, Memory*, 41)

"O tempo, tão vasto na primeira encarnação, era uma prisão." (*Speak, Memory*, 20)

"A prisão do tempo é esférica e sem saída." (*Speak, Memory*, 20)

"Amar com toda a alma e deixar o resto ao fado." (*Speak, Memory*, 40)

"'*Vot zapomni* [agora se lembre]', ela dizia, como se tramasse, enquanto chamava minha atenção para isso ou aquilo adorado em Vyra — uma cotovia subindo pelo céu de branco coalhado, num dia enfadonho na primavera, relâmpagos tirando fotos de um distante perfil de arvoredos à noite, a paleta das folhas de bordo num chão de terra marrom, pegadas de passarinho na neve recente." (*Speak, Memory*, 40)

CAPÍTULO 3

"Amável, bronzeada, mal-humorada." (*Speak, Memory*, 149)

"A primeira a ter o poder incisivo, simplesmente por *não* deixar o sorriso morrer nos lábios, de queimar um furo no meu sono e me arrancar de volta à pegajosa consciência sempre que eu sonhava com ela." (*Speak, Memory*, 210)

"Despediu-se do tecido da fantasia... provou a realidade." (*Speak, Memory*, 232)

"Aquela tarde calada de julho, quando a descobri de pé, imóvel (apenas os seus olhos se mexiam), num bosque de bétulas, ela parecia ter sido gerada espontaneamente ali, entre árvores atentas, na silenciosa plenitude de uma manifestação mítica." (*Speak, Memory*, 230)

"Sempre lembrar-se dela como primeiro a viu, a cabeleira cruelmente presa por uma trança grossa, dobrada numa volta por trás da cabeça e, ali, amarrada com um laço de seda preta." (*Speak, Memory*, 231)

"O acompanhamento de tais esquemas temáticos ao longo de uma vida deveria ser, penso eu, o verdadeiro propósito da autobiografia." (*Speak, Memory*, 16)

"As primeiras e últimas coisas frequentemente tendem a possuir um toque adolescente." (*Speak, Memory*, 1)

"Cetro da minha paixão." (*Lolita*, 14; edição brasileira, 19)

"Ali estava a mesma falha agourenta, a banal nota vazia e sugestão loquaz de que nosso amor estava fadado a falhar desde o início, já que não poderia recapturar o milagre dos seus momentos iniciais, o ruflar e o ímpeto daqueles limoeiros na chuva, a compaixão do interior selvagem." (*Speak, Memory*, 238)

"O arrebatamento da identidade dela." (*Ada*, 220)

"Não poderia ter havido Lolita se eu não tivesse amado, num verão, uma certa menina inicial. Num principado à beira-mar." (*Lolita*, 9; edição brasileira, 13)

"E então, sem qualquer aviso, uma onda azul ergueu-se por baixo do meu coração e, sobre uma esteira de palha numa poça de sol, seminua, ajoelhada, girando sobre os joelhos, lá estava meu amor da Riviera a me examinar por cima dos seus óculos escuros." (*Lolita*, 39; edição brasileira, 47)

"Menina de cabelos escuros com onze ou doze anos."
(*Ada*, 37)

"Ela usava um vestido branco com uma jaqueta preta e tinha um laço branco no cabelo longo. Ele nunca mais viu aquele vestido e, quando mencionava isso numa evocação retrospectiva, ela invariavelmente retrucava que ele devia ter sonhado, ela nunca teve um vestido assim, nunca poderia ter posto um blazer escuro num dia tão quente, mas ele se aferrava à sua primeira imagem dela até o fim." (*Ada*, 37)

CAPÍTULO 4

"Consciência é a única coisa verdadeira no mundo e o maior de todos os mistérios!" (*Bend Sinister*, 188)

"Como é pequeno o cosmos (a bolsa de um canguru o reteria), como é reles e insignificante em comparação à consciência humana, a uma única memória individual e sua expressão pelas palavras..." (*Speak, Memory*, 24)

"A consciência é uma mensagem rabiscada no escuro." (*Pale Fire*, 41)

"Aquela janela súbita abrindo-se para uma paisagem ensolarada..." (Entrevista de George Feifer com VN, *Saturday Review*, 27 de novembro de 1976)

"Um universo abrangido pela consciência. Os braços da consciência se lançam e tateiam, e quanto mais longos eles forem, melhor." (*Speak, Memory*, 218)

CAPÍTULO 5

"começou uma fase extravagante de sentimentalismo e sensualidade"; "uma centena de jovens diferentes ao mesmo tempo, todos indo atrás de uma moça inconstante, numa série de relacionamentos simultâneos ou sobrepostos..., com resultados artísticos bem parcos." (*Speak, Memory*, 240)

"Veracidade radiante." (VN para Elena Sikorski; Schiff, 46)

"Ao enésimo grau." (*Ada*, 454)

"Francamente homossexual no que se refere aos tradutores." (VN para James Laughlin; Boyd II, 45)

"O ciúme mais cortante de todos é aquele entre duas mulheres, e também aquele entre dois literatos. Mas, quando uma mulher sente inveja de um literato, isso pode resultar em H_2SO_4 [ácido sulfúrico]." (VN para família; Schiff, 44)

"E o retrato dela foi frequentemente reproduzido por algum meio misterioso de cores refletidas nos espelhos internos de meus livros." (*Strong Opinions*, 191)

"Madame Nabokov é trinta e oito anos mais velha do que a ninfeta Lolita." (*Paris Presse L'Intransigeant*, 21 de outubro de 1959)

"Esse nós vamos guardar." (Entrevista com Keegan, 14 de novembro de 1997; Schiff, 167)

"Fico aborrecido quando pessoas que nunca conheci infringem minha privacidade com suposições falsas e vulgares — como, por exemplo, o sr. Updike, que num artigo, de resto tão astuto, sugere de modo absurdo que minha personagem ficcional, a aporrinhadora e lasciva Ada, é, e eu cito, 'em uma ou duas dimensões, a esposa de Nabokov'." (Entrevista de James Mossman com VN, *BB C-2 Review*, 4 de outubro de 1969; publicado em *The Listener*, 23 de outubro de 1969)

"O que diabos, meu caro, o senhor sabe a respeito da minha vida conjugal?" (VN para Hodgart, 12 de maio 1969; *Selected Letters*, 450–451)

"Rápido, rápido... os anos passam, minha querida, e agora ninguém vai saber o que eu e você sabemos." (*Speak, Memory*, 295)

"Médicos sugeriram que às vezes nós fundíamos nossas mentes ao sonhar." ("Scenes from the Life of a Double Monster", *Stories*, 613; "Cenas da vida de um duplo monstro", edição brasileira, 747)

"Sabor precógnito." (*Ada*, 361)

"Espiar o revestimento do tempo." (*Ada*, 227)

"Você sabe, somos muito parecidos. Nas cartas, por exemplo: ambos adoramos (1) inserir discretamente palavras estrangeiras, (2) citar nossos livros favoritos, (3) traduzir as sensações de um sentido (a visão, por exemplo) em impressões de outro sentido (o sabor, por exemplo), (4) pedir desculpas ao fim de alguma bagatela imaginária, e de muitas outras formas." (VN para Véra Nabokov, 8 de janeiro de 1924, Arquivo Vladimir Nabokov; Schiff, 38)

"Cheirando aos pomares da ninfetolândia." (*Lolita*, 92; edição brasileira, 109)

"'asqueroso', 'super', 'delicioso', 'brutamontes'." (*Lolita*, 65; edição brasileira, 78)

"Belo e alto exemplar de hombridade hollywoodiana" (*Lolita*, 35; edição brasileira, 48)

"Completaria treze anos em primeiro de janeiro. Dali a mais ou menos dois anos deixaria de ser uma ninfeta e se transformaria numa 'jovem' e, em seguida, numa 'universitária' — esse horror dos horrores." (*Lolita*, 65; edição brasileira, 78)

"Não somos monstros sexuais! Enfaticamente, não somos assassinos. Poetas nunca matam." (*Lolita*, 88; edição brasileira, 104)

"Loucamente apaixonados." (*Lolita*, 19; edição brasileira, 25)

"Uma menininha exuberante, pintada, adorável e coberta de joias, num vestido carmesim, e isso ocorreu em 1274, em Florença, num festim particular no ditoso mês de maio." (*Lolita*, 19; edição brasileira, 25)

"Uma ninfeta loura de doze anos que corria contra o vento, no pólen e na poeira, na linda planície que se divisa das colinas de Vaucluse." (*Lolita*, 19; edição brasileira, 25)

"Tecnicamente amantes." (*Lolita*, 132; edição brasileira, 155)

"Cruel e cavilosa"; "desesperado e moribundo Humbert" (271); "Desespero e meditação furiosa." (*Lolita*, 83; edição brasileira, 99)

"País das maravilhas"; "Humberlândia." (*Lolita*, 166; edição brasileira, 193)

"Os filmes mais melosos, a calda açucarada mais viscosa" (*Lolita*, 166; edição brasileira, 193)

"Entre um Hambúrguer e um Humbúrguer ela fosse — invariavelmente, com uma precisão gélida — preferir sempre o primeiro. Não existe crueldade mais atroz que a de uma criança adorada." (*Lolita*, 166; edição brasileira, 194)

"Icebergs no paraíso." (*Lolita*, 285; edição brasileira, 332)

"Remorso, a doce pungência de uma reparação soluçada, de um amor rastejante, a desesperança de uma reconciliação sensual." (*Lolita*, 227; edição brasileira, 265)

"Eu te amava. Não passava de um monstro pentápode, mas te amava. Fui desprezível e brutal, e torpe, e tudo o mais, mais *je t'aimais, je t'aimais*! E houve momentos em que eu sabia como te sentias, e a consciência disso era um inferno, minha pequena. Garota Lolita, brava Dolly Schiller." (*Lolita*, 284-285; edição brasileira, 332)

"Will Brown, Dolores, Colo." "Harold Haze, Tombstone, Arizona," "Ted Hunter, Cane, NH." (*Lolita*, 251; edição brasileira, 293)

"E lá estava ela com a beleza arruinada e as estreitas mãos adultas de veias engrossadas, os braços brancos arrepiados, e as orelhas rasas, e as axilas malcuidadas, lá estava ela (minha Lolita!), definitivamente acabada aos dezessete anos... e eu não conseguia parar de olhar para ela, e soube tão claramente como sei agora, que estou prestes a morrer, que a amava mais que tudo que já vi ou imaginei na Terra, ou esperei descobrir em qualquer outro lugar." (*Lolita*, 277; edição brasileira, 323)

"Lolita, luz da minha vida, fogo da minha carne. Minha alma, meu pecado." (*Lolita*, 9; edição brasileira, 13)

"Lolita não traz a reboque moral alguma." ("Sobre um livro intitulado *Lolita*", *Lolita*, 314; edição brasileira, 365)

"Na medida em que me proporciona o que chamarei sem rodeios de prazer estético, isto é, a sensação de que de algum modo, em algum lugar, está conectada a outros estados da existência em que a arte (a curiosidade, a delicadeza, a gentileza, o êxtase) é a norma." ("Sobre um livro intitulado *Lolita*", *Lolita*, 314; edição brasileira, 365-366)

"À maneira russa, com dois profundos 'a's sombrios."
(*Ada*, 39)

"Tamanha ausência de luz e um véu de sombras que
força nenhuma jamais iria superar ou atravessar."
(*Ada*, 103)

"A pele impermeável e voluptuosa... seus movimentos
angulares, seu odor de gazela, a súbita contemplação negra de seus grandes olhos, a nudez rústica sob
o vestido." (*Ada*, 59)

"Não seria suficiente dizer que, ao fazer amor com Ada,
ele descobria a aflição, *ogon'*, a agonia da suprema
'realidade'. A realidade, melhor dizendo, perdeu as
aspas que usava como garras... Na duração de um
espasmo ou dois, ele estava a salvo. A nova realidade
nua não necessitava de tentáculos ou âncoras; durava um instante, mas podia ser repetida tanto quanto ele e ela fossem capazes de fazer amor." (*Ada*,
219–220)

"Pomares e orquidários." (*Ada*, 409)

"Mesmo excêntricos oficiais de polícia se deixavam
enamorar pelo glamour do incesto." (*Ada*, 409)

"Em ambas, os dentes frontais eram um pouco grandes demais e o lábio inferior, muito cheio para o
belo ideal da posteridade em mármore; e porque
seus narizes ficavam permanentemente entupidos,
ambas (principalmente mais adiante, aos quinze e
doze anos) pareciam de perfil um tanto sonhadoras
e espantadas." (*Ada*, 104)

"Penugem escura." (*Ada*, 59)

"Mostravam um leve pontilhado claro e seus flancos
eram polvilhados de cobre." (*Ada*, 144)

"Uma macedônia de intuição, estupidez, ingenuidade e artimanha." (*Ada*, 152)

"O libertino irresistível." (*Ada*, 588)

"Estamos sendo vigiados por Lucette, que eu um dia vou estrangular." (*Ada*, 148)

"Absolutamente estéril, apesar da sua intrepidez." (*Ada*, 394)

"Pura alegria e inocência árcades." (*Ada*, 588)

"Meio *poule*, meio *puella*." (*Ada*, 372)

"Adoro (*obozhayu*), adoro, adoro, adoro mais que a vida você, você (*tebya, tebya*), sofro insuportavelmente por você (*ya toskuyu po tebe nevïnosimo*)." (*Ada*, 411)

"O braço cor de abricó maduro." (*Ada*, 411)

"Ave-do-paraíso." (*Ada*, 387)

"Quero Van e não uma admiração impalpável..." "Impalpável? Sua tolinha. Você pode conferir, pode tocar uma vez, de leve, com os nós dos dedos, de luva. Eu disse, com os nós dos dedos. Falei, só um vez. Basta. Não posso beijá-la. Nem mesmo o seu rosto ardente. Adeus, meu bichinho de estimação." (*Ada*, 387)

"O fogo da resina de Lucette corre pela noite do odor e do ardor de Ada, e para no limiar da caprina lavanda de Van. Dez longos dedos ansiosos, malvados, amorosos, de dois jovens demônios diferentes acariciavam seu animalzinho de pelúcia desamparado." (*Ada*, 419–420)

"*Tonen'kiy-tonen'kiy* (pequena fina) camada." (*Ada*, 464)

"A cada pancada e salpico de sal branco, frio, ela se contorcia sentindo uma náusea com sabor de anis, e havia cada vez mais, bom, um torpor em seu pescoço e nos braços. Quando começou a perder a consciência de si, achou que era conveniente notificar a uma série cada vez mais distante de Lucettes — dizendo a elas para passarem adiante, numa regressão de contas de cristal — que a morte resultava apenas numa variedade mais completa das infinitas frações de solidão." (*Ada*, 494)

"No todo, acho que devo ter possuído Ada umas mil vezes. Ela é a minha vida inteira." (*Ada*, 440)

"O cume do seu amor de vinte e um anos: sua complicada, perigosa e inefavelmente radiante maioridade." (*Ada*, 521)

"Ah, Van, ah Van, não a amamos o suficiente. Com *ela* era que você deveria ter se casado, com a que vai sentada de pés para cima, de preto-bailarina, na balaustrada de pedra, e, então, tudo teria dado certo — eu teria ficado com vocês dois em Ardis Hall, ao invés dessa felicidade, que nos foi dada de graça, ao invés disso tudo nós a *provocamos* até a morte!" (*Ada*, 586)

"Brilhante 'agora'." (*Ada*, 556)

"Dentro do livro concluído, no Éden ou no Hades, na prosa do livro ou na poesia de seu elogio de capa." (*Ada*, 587)

CAPÍTULO 6

"Quais foram as três grandes perdas de Na-BOU-koff?" (Entrevista de Azam Zanganeh com Dmitri Nabokov, setembro de 2006)

"Uma ilha de felicidade sempre presente no norte claro de meu ser." ("Spring in Fialta", *Stories*, 414; "Primavera em Fialta", edição brasileira, 504)

"Tamara, Rússia, as florestas selvagens progressivamente tornadas velhos jardins... A visão de minha mãe com as mãos e os joelhos no chão, beijando a terra, a cada vez que íamos da cidade ao campo veranear, *et la montagne et le grand chêne*." (*Speak, Memory*, 249–250)

"Uma íris enevoada." (Transcrição de EIN do diário de VN, VNA; Boyd I, 191)

"*Bozhe moy...* Como pode ser?" (Transcrição de EIN do diário de VN, VNA; Boyd I, 193)

"Papai se foi." (Transcrição de EIN do diário de VN, VNA; Boyd I, 192)

"Meu idioma natural, minha desentravada, rica e infinitamente dócil língua russa, por um inglês de segunda." ("Sobre um livro intitulado *Lolita*", *Lolita*, 316–317; edição brasileira, 368)

"Tragédia particular." ("Sobre um livro intitulado *Lolita*", *Lolita*, 316; edição brasileira, 368)

"A maioria do texto lia-se com espantosa fluidez." (Lucie Léon Noel, *Triquarterly* 17, inverno de 1970, 215; Boyd I, 502)

"*...verbos líquidos em* ahla *e em* ili, / *Grutas Aeônicas, noites no Altai, / Poças negras de som com 'l's fazendo lírios. / A taça vazia que toquei ainda está tilintando, / Mas agora apanhada por uma mão, e morta...*" ("An Evening of Russian Poetry", *New Yorker*, 3 de março de 1945)

"Mudança de uma casa escura a outra, numa noite sem estrelas." (Nota não publicada, VNA; Boyd II, 35)

"*Madam, ya doktor, vot banan* (Madame, sou o médico, aqui está uma banana)." (*Speak, Memory*, 283)

"Daqueles olhos mais extraordinários." (VN para Alfred Appel, Jr., 20 de outubro de 1970; Boyd I, 202)

"Um... autor (embelezar) / talentoso!! O orgulho da imigração!! / Um estilo novo!! / Verba ou bolsa" (VN para Gleb Struve, 17 de março de 1939; Boyd I, 506)

"Sonhamos, às vezes, com pessoas perfeitamente desimportantes, um companheiro casual de viagens ou alguém igualmente obscuro, com quem nos encontramos anos atrás e nunca mais voltamos a ver. Pode-se, assim, imaginar um negociante aposentado em Boston, em 1875, contando casualmente à sua esposa ter, uma noite daquelas, sonhado que, juntamente com um jovem russo ou um polonês conhecido na Alemanha em sua juventude, comprava um relógio e um capote numa loja de antiguidades." (*Gogol*, New Directions, 26)

"Pontapé sincopado... não gostaria de ter perdido por nada na vida." (*Speak, Memory*, 250)

"A nostalgia foi para mim uma questão sensual e particular." (*Speak, Memory*, 250)

"Caraculs dos escuros pinhais da Táurida... decididamente saído de Bagdá." (*Speak, Memory*, 244)

"Estou infinitamente feliz, e tão agitado e triste hoje." (VN para EIN, 26 de abril de 1920, VNA; Boyd I, 175)

"Havia sempre aquela aflição inicial que se sente justamente antes que o tempo, apanhado de surpresa, de novo ponha sua máscara de familiaridade." (*Speak, Memory*, 49)

"Assim, de alguma forma, herdei um extraordinário simulacro — a beleza de um bem intangível, uma propriedade irreal — e isso provou ser um treino esplêndido para enfrentar a duração de futuras perdas." (*Speak, Memory*, 40)

"O que seria de fato ver novamente meu antigo ambiente, eu não faço a menor ideia..." (*Speak, Memory*, 250)

CAPÍTULO 7

"O espelho transborda / claridade; um zangão / voa quarto adentro e / topa no teto. / Tudo é como / deveria ser, nada jamais / mudará, ninguém nunca / vai morrer." (*Speak, Memory*, 77)

"Na incalculável quantia de ternura contida no mundo; no destino dessa ternura, que ou é esmagada, ou desperdiçada, ou transformada em loucura." ("Signs and Symbols", *Stories*, 601; "Signos e símbolos", edição brasileira, 729)

"As primeiras criaturas do mundo a se tornarem conscientes do tempo foram também as primeiras a sorrir." (*Speak, Memory*, 22)

"*zaychik*"; "mirada solar." (*Ada*, 286)

"Podemos saber as horas, podemos entender a duração. Não podemos jamais conhecer o Tempo." (*Ada*, 563)

"Simplesmente, nossos sentidos não foram feitos para perceber isso. É como—" (*Ada*, 563)

"Sentimos que ele se move apenas porque é o meio em que o crescimento e a mudança acontecem, ou onde as coisas param, como estações." (Yearbook, 1951, VNA; Boyd II, 379)

"Oitenta anos passam logo — é só uma questão de se mudar o diapositivo num projetor." (*Ada*, 585)

"Mas *disto*... não há dúvida, isto é a realidade, é o fato puro — essa floresta, esse musgo, a sua mão, a joaninha na minha perna, isso não pode desaparecer, pode? (vai, foi) *Isto* veio a acontecer *aqui*, não importa

quão tortuosos fossem os caminhos, e como se enganassem uns aos outros, e se estragassem, eles invariavelmente deram aqui!" (*Ada*, 124)

"Não podemos jamais desfrutar o *verdadeiro* Presente,
que é um instante de duração nula." (*Ada*, 550)

"Floração do Presente." (*Ada*, 549)

"A quietude da pura memória." (*Speak, Memory*, 309)

"A rede de balanço e o mel: oitenta anos depois ele ainda
podia se lembrar, com a mesma aflição juvenil de sua
alegria original, do momento da primeira paixão por
Ada." (*Ada*, 59)

"A memória alcançou a imaginação a meio caminho na
rede dos entardeceres de sua juventude. Aos noventa
e quatro anos, ele gostava de retraçar aquele primeiro verão apaixonado não como um sonho que acabara de ter, mas como a recapitulação da consciência
a ampará-lo nas pequenas horas cinzentas entre o
sono superficial e o primeiro comprimido do dia."
(*Ada*, 59)

"Em 1884, durante meu primeiro verão em Ardis, seduzi
sua filha, que então tinha doze anos. Nosso caso tórrido durou até o meu retorno a Riverlane; recomeçou
em junho passado, quatro anos depois. Essa felicidade
tem sido o maior evento de minha vida, e não tenho
remorsos." (*Ada*, 244)

"Confesso que não acredito no tempo." (*Speak, Memory*, 9)

"Brilhante 'agora'." (*Ada*, 556)

"singular excitação de seguir por pequenas vias escuras,
em cidades estranhas, sabendo muito bem que ali
nada descobriria de novo, exceto a sujeira e o tédio,
e latinhas 'meri-canas' descartadas com rótulos de
'Billy', e uma selva de jingles de jazz exportado saindo

de cafés sifilíticos. Ele sempre teve a impressão de que as famosas cidades, os museus, a antiga câmara de tortura e os jardins suspensos não passavam de lugares no mapa de sua própria loucura." (*Ada*, 449–450)

"Tempo Puro, Tempo Percebido, Tempo Tangível, livre de conteúdo, contexto e comentários contínuos." (*Ada*, 539)

CAPÍTULO 8

"Toque, folha, pingo, alívio — o instante em que tudo se deu me pareceu menos uma fração do tempo que uma fissura nele, o coração perdendo uma batida." (*Speak, Memory*, 217)

"Destilando seu sarcasmo ferino." (*Speak, Memory*, 238)

"Nunca, jamais será um escritor." (*Speak, Memory*, 238)

"Morrendo à noite, me alegro / de ressurgir à hora marcada. / O dia seguinte é gota de orvalho no paraíso / e o passado, um diamante." (VN para EIN, 25 de novembro de 1921; Boyd I, 188)

"Este pequeno poema vai provar a você que meu humor está radiante como sempre. Se eu viver até os cem anos, minha alma ainda assim vai andar de calças curtas." (VN para EIN, 25 de novembro de 1921; Boyd I, 187)

"Os séculos rolarão, os colegiais bocejarão sobre a história das nossas sublevações; tudo passará, mas minha felicidade, querida, minha felicidade permanecerá, no úmido reflexo da luz de um poste, na curva cautelosa de degraus de pedra que descem para as águas negras do canal, nos sorrisos de um casal que dança, em tudo com que Deus tão generosamente cerca a solidão humana." ("A Letter That Never Reached Russia", *Stories*, 140; "Uma carta que nunca chegou à Rússia", edição brasileira, 182)

"Um guia prático: *Como ser feliz*." (*The Gift*, 328)

"O espelho defletor." ("Sobre um livro intitulado *Lolita*", *Lolita*, 316–317; edição brasileira, 368)

"O monstro do infame senso comum" vem "lhe estorvar os passos, reclamando que o livro não vai alcançar o público médio, que o livro jamais vai — e ali, então, justo antes de bradar a palavra *v, e, n, d, e, r*, esse falso senso comum precisa ser eliminado." (*Lectures on Literature*, 380)

"Lixo tópico." ("Sobre um livro intitulado *Lolita*", *Lolita*, 316; edição brasileira, 366)

"Todas as 'ideias médias' (tão facilmente adquiridas, tão lucrativamente repassadas) permanecerão necessariamente como passaportes gastos dando ao seu portador o atalho de um domínio da ignorância a outro." (*Eugene Onegin*, 1:8; Boyd II, 340)

"O que o artista percebe é principalmente a *diferença* entre as coisas." (*Despair*, 41)

"Não em palavras, mas com a sombra das palavras." (*Strong Opinions*, 30)

"Não era o esperto sorriso endiabrado do ardor lembrado ou prometido, mas o raro brilho humano da felicidade e do desamparo." (*Ada*, 286)

"Pontes de bambu." (*Strong Opinions*, 169)

"Vê tudo o que se passa num ponto do espaço." (*Speak, Memory*, 218)

"Sente tudo o que se passa num ponto do tempo." (*Speak, Memory*, 218)

"Um carro (placa de Nova York) passa pela estrada, uma criança bate a tela da porta vizinha, um velho boceja num pomar enevoado do Turquistão, o vento rola um grânulo de areia cinza-fuligem em Vênus, certo Docteur Jacques Hirsch de Grenoble põe os óculos de leitura e trilhões de outras pequenas coisas acontecem — formando um organismo de eventos instantâneo e transparente, do qual o poeta (sentado numa espreguiçadeira, em Ithaca, Nova York) é o núcleo." (*Speak, Memory*, 218)

"Apenas no sentido de que são verdadeiras criaturas." (*Gogol*, New Directions, 41)

"Insinceridade esplêndida." (*Poems and Problems*, Mc-Graw-Hill, 15)

"Zoológico das palavras." (*Speak, Memory*, 233)

"Asas e garras." (*Lolita*, 312; edição brasileira, 319)

"Sujeito que faz planetas girarem." (*Lectures on Literature*, 2)

"Diz 'vai!', deixando o mundo piscar e amalgamar-se." (*Lectures on Literature*, 2)

"Essas frutas são comestíveis. Essa criatura malhada que disparou cruzando meu caminho pode ser domesticada. Esse lago em meio às árvores vai se chamar lago Opala ou, mais artisticamente, lago Lava-pratos. Essa bruma é uma montanha — e essa montanha precisa ser conquistada." (*Lectures on Literature*, 2)

"Surpresas únicas." (*Lectures on Literature*, 2)

"A imaginação é fértil apenas quando é fútil." (*Gogol*, New Directions, 76)

"Nabokov escreve em prosa da única maneira que se deveria escrever — isto é, E X T A T I C A M E N T E." (John Updike, *New Yorker*, 26 de setembro de 1964)

"Esverdeado dia chuvoso." (*Ada*, 26)

"Azul nevado de papel pautado." (*Ada*, 332)

"Joelho opalescente." (*Lolita*, 12; edição brasileira, 17)

"Sono de cristal." (*Lolita*, 123; edição brasileira, 145)

"O velho Demon, de asas iridescentes recurvadas, quase se levantou, mas logo afundou novamente." (*Ada*, 245)

"Senhoras e senhores do júri! Se minha felicidade pudesse falar, ela teria tomado conta daquele elegante hotel com um rugido ensurdecedor." (*Lolita*, 123; edição brasileira, 145)

"Faltas e fenecimentos"; "a fadiga de sua fuga — último recurso da natureza, aliterações aprazíveis (quando as flores e insetos imitam-se uns aos outros), o momento de uma pausa ao final de agosto, um primeiro silêncio no começo de setembro." (*Ada*, 139)

"Um estado de indigestão aguda." (*Ada*, 355)

"Depois de soltar muitos ventos." (*Ada*, 140)

"Firme sussurro de felicidade." (*Ada*, 574)

"Tudo isso pode soar interessante em outra língua." (*New York Times*, 11 de janeiro de 1942)

"A sinuosidade, que é minha e que apenas à primeira vista pode parecer desajeitada ou obscura. Por que não deixar que o leitor releia uma frase de vez em quando? Não vai machucá-lo." (*Selected Letters*, 77)

"Não houve ninguém chamado 'Joan of Arc'. Prefiro, de qualquer maneira, seu nome real, Joaneta Darc. Seria tolo, por exemplo, se em algum número da *New Yorker*, no ano 2500, eu fosse chamado 'Voldemar de Cornell' ou 'Nabo de Leningrado'. Então, no geral, gostaria de manter os 'sotaques fatídicos' e 'Joaneta

Darc', se possível." (VN para Katherine White, 4 de março de 1949, VNA; Boyd II, 137)

"O que mais gostei foi do inglês canhestro." (VN para VéN, 7 de outubro de 1942; Boyd II, 51)

"Algumas frases suas são tão boas que me deixam com uma ereção — e na minha idade, você sabe, isso não é fácil." (Morris Bishop, Yearbook, 1951, VNA; Boyd II, 192)

"Aquela maravilhosa escrivaninha alta na qual ele começava seu dia de escrita sumiu. Mas aqui, escorado contra o fundo do birô, está uma reprodução sem moldura da pintura *L'Annunciazione*, de Fra Beato Angelico, trazida da Itália por tia Elena, com o anjo rijo fazendo seu anúncio apoiado num joelho." ("On Revisiting Father's Room", Dmitri Nabokov, *Vladimir Nabokov, A Tribute*, Morrow, 127)

"Todas as cores me deixam feliz: até mesmo o cinza." (*Pale Fire*, 34)

"Longas, negras, de azul-ocelado." (*Ada*, 180)

"Largo sorriso permanente." (Alfred Appel, Jr. e Charles Newman [orgs.], *Nabokov: criticism, reminiscences, translations, and tributes*, Northwestern University Press, 124)

"Confio que você vai pular no livro como pularia dentro de uma fenda azul no gelo, arfar, pular novamente, e então (por volta da página 126) emergir a fim de deslizar num trenó para casa, sentindo alcançá-lo, metaforicamente, o calor prazeroso e formigante vindo das fogueiras que dispus estrategicamente ao longo do caminho." (VN para Minton, 6 de dezembro de 1961, VNA; Boyd II, 424)

CAPÍTULO 9

"Registro do meu caso de amor." ("Sobre um livro intitulado *Lolita*", *Lolita*, 316; edição brasileira, 368)

"Afague os detalhes! Os divinos detalhes!" (*Lectures on Literature*, xxiii)

"As paisagens naturais americanas, LÍRICAS, épicas e trágicas mas jamais arcádicas. São LINDAS, DILACERANTEMENTE LINDAS [...] *Vênus chegou e passou*." (*Lolita*, 168; edição brasileira, 196)

"Uma tarde, eles subiam num pé de árvore-do-paraíso [...] 'Estava tentando me apoiar de alguma forma.'" (*Ada*, 94–95)

CAPÍTULO 10

"Poeta fui, e cantei..." (Dante, *Inferno*, George Routledge and Sons, 4)

"Habitantes americanos." (*Speak, Memory*, 186)

"Tão americano quanto abril no Arizona." (*Strong Opinions*, 98)

"Rica e infinitamente dócil língua russa." ("Sobre um livro intitulado *Lolita*", *Lolita*, 317; edição brasileira, 368)

CAPÍTULO 11

"Quando era jovem, comi umas borboletas em Vermont para ver se eram venenosas. Não encontrei nenhuma diferença entre uma monarca e uma vice-rei. O gosto de ambas era detestável, mas não fiquei doente. Elas tinham o sabor de amêndoas e, talvez, de uma mistura de gorgonzola. Comi-as cruas. Segurei uma delas com a mãozinha ansiosa e a outra, na outra mão. Não quer comer umas comigo amanhã no café?" (Entrevista de Robert Boyle com VN, *Sports Illustrated*, 1959; Boyd II, 383–384)

"*Soomerki* de verão — a adorável palavra russa para o crepúsculo. Tempo: um obscuro momento na primeira década deste século impopular. Lugar: 59° de latitude ao norte do seu equador, 100° de longitude ao leste da minha mão que escreve." (*Speak, Memory*, 81)

"Como um lindo garoto de bermudões e chapéu de marinheiro; como um expatriado cosmopolita com sua bolsa de flanela e de boina; como um velho gordo sem chapéu trajando shorts." (*Speak, Memory*, 125)

"Quanta zombaria, quantas conjecturas e perguntas tive eu oportunidade de ouvir quando, superando meu embaraço, caminhava pela aldeia com minha rede de borboletas! 'Bem, isso não é nada', meu pai falou, 'você deveria ter visto a cara dos chineses quando, uma vez, fui coletar borboletas numa certa montanha sagrada, ou os olhos da professora progressista para cima de mim, numa cidade em Volga, quando expliquei a ela o que estava fazendo dentro daquela ravina'." (*The Gift*, 108–109)

"O maior prazer da atemporalidade está — numa paisagem escolhida ao acaso — quando me acho entre borboletas raras e sua comida feita de plantas. Aqui vai o êxtase e, por trás do êxtase, alguma coisa mais que é difícil de descrever. É como um vácuo momentâneo para onde converge tudo aquilo que amo. Certo sentido de unidade com o sol e com as pedras. A excitação de um agradecimento a quem interessar possa — ao gênio contrapontístico do destino humano ou aos suaves espíritos brincando com um mortal cheio de sorte." (*Speak, Memory,* 139)

"Algo elusivo, deslizando, nadando... que parecia ainda reter sombras absorvidas de antigas florestas fabulosas, onde havia mais pássaros que tigres e mais frutas que espinhos, e onde, em alguma profundeza rajada, a mente humana havia nascido." (*Speak, Memory,* 298)

"Sem o qual o policial não poderia distinguir uma borboleta de um anjo ou de um morcego." (Entrevista em programa de televisão de Bernard Pivot com VN, *Apostrophes,* 1975)

"Alguma vistosa mariposa ou borboleta." (*Lolita,* 110; edição brasileira, 130)

"Rastejantes moscas brancas." (*Lolita,* 156; edição brasileira, 182)

"O inseto que percorre paciente a parte interna da janela." (*Lolita,* 211; edição brasileira, 247)

"Professor Nabonidus"; "maldito inseto." (*Ada,* 158)

"Descobri na natureza os encantos sem utilidade que buscava na arte. Ambos eram uma forma de magia, ambos eram um jogo de encanto e engano intricados." (*Speak, Memory,* 125)

"Quando nos damos conta de que, para além de todos os seus fiascos e tolices, a textura interior da vida é também uma questão de inspiração e precisão." (*Lectures on Literature,* 381)

"A enorme mariposa que, em estado de repouso, assume a imagem de uma cobra olhando para você; de uma mariposa geométrida tropical, colorida na perfeita imitação de uma espécie de borboleta infinitamente distante dela no sistema da natureza." (*The Gift,* 110–111)

"Um pássaro se aproxima e considera por um momento. São dois besouros? Onde está a cabeça? Que lado é qual? Naquele mesmo instante a borboleta escapa. Esse mero segundo salva aquele indivíduo e aquela espécie." "Ela tem uma letra C curiosamente formada. Imita uma fresta de luz passando por uma folha morta. Não é maravilhosa? Não é engraçada?" (Robert Boyle para *Sports Illustrated*, 1959; Boyd II, 383–384)

"Uma terna, arrebatadora, quase humana felicidade." ("Christmas", *Stories*, 136; "Natal", edição brasileira, 178)

"Muito provavelmente visitou Granada, Múrcia e Albarracín, e depois viajou ainda mais longe, ao Suriname e à Taprobana; e não se pode duvidar que viu todos os gloriosos insetos que desejava ver." ("The Aurelian", *Stories*, 258; "O aureliano", edição brasileira, 318)

"Experimentava angústia ainda mais aguda quando o conseguia, porque nunca conseguiria pegar uma altiva *Morpho* brasileira, tão ampla e radiosa que emitia um reflexo azul na mão da pessoa, nunca toparia com aquelas multidões de borboletas africanas aglomeradas como inúmeras bandeirinhas elegantes na rica lama negra, subindo numa nuvem colorida quando sua sombra se aproximava." ("The Aurelian", *Stories*, 254; "O aureliano", edição brasileira, 314)

"A canção de um passarinho bis-bis toscano ou de um sitka kinglet num cemitério de ciprestes; o sopro mentolado de uma segurelha-das-hortas ou de uma yerba buena numa encosta do litoral; o movimento dançante de uma borboleta azul-do-céu ou de uma eco-azul." (*Ada*, 71)

"Tudo era lindo como nem a natureza nem a arte podiam forjar, lindo como apenas acontece quando essas duas se dão as mãos." (*Gogol*, New Directions, 88)

"Ele me contou do cheiro das borboletas — almíscar e baunilha; das vozes das borboletas; do som lancinante largado pela monstruosa lagarta de uma mariposa-morcego da Malásia... da astuta borboleta que numa floresta brasileira imita o chiado de um pássaro. Ele me contou do talento artístico para o disfarce mimético." (*The Gift*, 110)

"Miríades de piérides brancas... flutuando mais longe, indo parar, por volta do anoitecer, nas árvores, que ali ficam até a manhã seguinte como que semeadas de neve — e então elas levantam voo novamente, a fim de seguirem a sua jornada — para onde? Por quê? Uma história ainda não concluída pela natureza ou, então, foi esquecida... Com um estranho voo louco, diferente de tudo mais, a borboleta branqueada, quase irreconhecível, escolhe uma clareira seca, 'rola' para dentro e para fora das figueiras de Leshino e, ao final do verão, em cabeças de cardo e ásteres, com sua adorável prole rosada já se encontra deleitando-se na vida. 'O mais tocante de tudo', acrescentou meu pai, 'é que nos primeiros dias frios se dá um fenômeno inverso, a vazante: a borboleta dispara rumo ao sul, para o inverno, mas, é claro, morre antes de alcançar o calor'." (*The Gift*, 111)

CAPÍTULO 12

"Dê-me um leitor criativo; esta história é para ele." (*Gogol*, New Directions, 140)

"Imperadores, ditadores, padres, puritanos, filisteus, moralistas políticos, policiais, carteiros-chefe e pedantes." (*Lectures on Russian Literature*, 10)

"A curiosidade é a insubordinação na sua forma mais pura." (*Bend Sinister*, 40)

"Jamais descer o regato encantado— / Permanecer no brilho dourado— / A vida o que é senão algo sonhado?" (Lewis Carroll, *Through the Looking-Glass*, Random House, 240)

"Estreito dos sonhadores desconhecidos." (*Ada*, 122)

"Ardis Hall — os Ardores e Arvoredos de Ardis — este é o leitmotiv ecoando através de *Ada*, uma crônica extensa e agradável, cuja parte central é encenada numa América brilhante de sonho — pois não são nossas memórias de infância comparáveis às caravelas vindas de Vineland, circundadas indolentemente pelos alvos pássaros de um sonho?" (Ada, 588)

"O restante da história de Van se volta francamente e pitorescamente para seu longo caso de amor com Ada. É interrompido pelo casamento dela com um criador de gado do Arizona, cujos fabulosos antepassados descobriram nosso país. Após a morte de seu marido, nossos amantes se reencontram." (Ada, 588)

"Antes que possamos fazer uma pausa para retomar o fôlego e observar tranquilamente o novo entorno em que o tapete mágico do escritor, por assim dizer, nos derramou." (*Ada*, 588)

CAPÍTULO 13

"A abocanhada da felicidade." (John Updike, *New Yorker*, 26 de fevereiro de 1972)

"Fabulosos e insanos que me deixavam exangue e barrado de azul." (*Lolita*, 285; edição brasileira, 332)

"Uma nuvem muito clara abria seus braços e se deslocava na direção de outra um pouco mais substancial, pertencente a um sistema mais lento, mais carregado de céu." (*Lolita*, 307; edição brasileira, 357)

"Sua formidável escrivaninha, com nada por cima do exagerado couro escuro senão um imenso e curvo abridor de cartas, uma autêntica cimitarra de marfim amarelo, esculpida de uma presa de mamute." (*Speak, Memory*, 72)

"Ele ficou um tempo deitado no divã preto, mas isso parecia apenas aumentar a força da sua obsessão passional. Decidiu voltar ao andar de cima pela cóclea." (*Ada*, 209)

"Quando primeiro encontrei Tamara — para lhe dar um nome concolorido com o seu verdadeiro — ela tinha quinze anos, e eu era um ano mais velho. O lugar era o campo acidentado, porém gracioso (abetos negros, bétulas brancas, turfeiras, campos de feno e áridos pinhais), bem ao sul de São Petersburgo." (*Speak, Memory*, 229)

"Um lampião de querosene grande, com tanque de alabastro, é conduzido no crepúsculo. Flutua gentilmente e repousa; a mão da memória, agora na luva branca do lacaio, coloca-o ao centro de uma mesa redonda." (*Speak, Memory*, 100)

"O interesse que pessoas completamente desconhecidas dirigiram a ele parecia cheio de estratagemas cruéis e perigos incalculáveis (linda palavra — estratagema — um tesouro numa caverna)." (*Gogol*, New Directions, 59)

"A cidade era recém-construída, ou reconstruída, no terreno plano ao fundo de um vale de dois mil metros de altura; logo deixaria Lo entediada, esperava eu, e decidiríamos seguir para a Califórnia, até a fronteira mexicana, até angras míticas, desertos de saguaro, fatamorganas." (*Lolita*, 239; edição brasileira, 279)

"E o sabor do talo de grama que eu estava mastigando misturou-se à nota do cuco e à decolagem da fritilária." (*Speak, Memory*, 219)

"Quando voltei os olhos para um canteiro de flores em forma de rim (e notei uma pétala rosa caída na greda e uma pequena formiga examinando sua borda deteriorada), ou quando considerei o umbigo curtido de um tronco de bétula, onde um vadio descascara-a de sua pele empapelada, casca de sal e pimenta, eu de fato acreditava que..." (*Speak, Memory*, 221)

"Considere os truques de uma lagarta acrobata (da mariposa-lagosta), que na infância se parece com excremento de ave, mas após a muda desenvolve apêndices himenopteroides e características barrocas, permitindo que o extraordinário indivíduo desempenhe dois papéis ao mesmo tempo." (*Speak, Memory*, 124)

"Foi também um inverno particularmente severo, trazendo tanta neve quando Mademoiselle pudesse ter esperado encontrar na tristeza hiperbórea da remota Moscóvia." (*Speak, Memory*, 97)

"A palavra para o arco-íris, para o primevo, porém decididamente turvo arco-íris, é, na minha língua particular, a arduamente pronunciável: *kzspygv*." (*Speak, Memory*, 35)

"Eu não tinha nada — exceto uma única luz no lustre potencialmente refulgente do quarto de Mademoiselle, cuja porta, por decreto do nosso médico de família (eu o saúdo, dr. Sokolov!), permanecia levemente aberta. Sua faixa vertical de lampejamento (que as lágrimas de uma criança conseguiam converter em deslumbrante fulgurações de compaixão) era algo no qual podia me agarrar, já que na escuridão completa a minha cabeça nadava e a minha mente se fundia numa caricatura de agonias." (*Speak, Memory*, 109)

"Minha Lolita... cheirando aos pomares da ninfetolândia; desajeitada e muito animada, e vagamente depravada, os botões de baixo da sua blusa abertos." (*Lolita*, 92; edição brasileira, 109)

"O borrão colorido, a punhalada da pós-imagem, com a qual a lâmpada que se acaba de apagar fere a noite palpebral." (*Speak, Memory*, 34)

"Os sentidos de Demon devem ter sido influenciados por um estranho prazer incestuoso (o que quer que este termo queira dizer)... quando ele a acariciou e saboreou e delicadamente abriu e profanou, de modo inominável mas fascinante, a carne (*une chair*) que era ao mesmo tempo aquela da sua esposa e a da sua amante, os luminosos e misturados encantos de uma peri gêmea, água-marinha ao mesmo tempo única e dupla, uma orgia da aliteração epitelial." (*Ada*, 19)

"Eu me dei conta de que o mundo não representa absolutamente uma luta, ou uma sequência predatória de eventos fortuitos, mas tremulante plenitude, beneficente trepidação, uma bênção brindada a nós e não considerada." ("Beneficence", *Stories*, 77; "Beneficência", edição brasileira, 111)

"Hoje afinal encontrei a combinação perfeita entre v e o 'rosa-quartzo' no *Dicionário das cores*, de Maerz." (*Speak, Memory*, 35)

"Quando aquela perolada linguagem dela rumorejava e cintilava." (*Speak, Memory*, 113)

"Ele tinha modos graciosos, um temperamento doce, uma caligrafia inesquecível, toda de espinhos e cerdas (semelhante à qual vi apenas nas cartas dos loucos, que, infelizmente, às vezes recebo desde o ano da graça de 1958), e uma ilimitada provisão de histórias obscenas (que ele me alimentava *sub-rosamente* numa voz sonhadora, aveludada, sem usar nenhuma expressão grosseira)." (*Speak, Memory*, 168–169)

"A cauda-de-andorinha de junho de 1906 estava ainda em estado de larva, numa umbelífera à beira da estrada." (*Speak, Memory*, 122)

"Pequenas ninfas histéricas, sabia eu, podiam exibir uma gama extensa de temperaturas — até mesmo excedendo as medidas fatais. Decidira dar-lhe um gole de vinho quente temperado, duas aspirinas e debelar a febre a beijos quando, ao examinar sua adorável úvula, uma das joias do seu corpo, constatei que exibia um rubro ardente." (*Lolita*, 240; edição brasileira, 280)

CAPÍTULO 14

"Um pessimista e, como todos os pessimistas, um homem ridiculamente pouco observador..." ("An Affair of Honor", *Stories*, 218; "Uma questão de honra", edição brasileira, 271)

"A pRRópRRia essência das coisas." (Martha Updike, *Libération*, 31 de agosto de 1986; Boyd II, 173)

"Sei mais do que posso expressar por palavras, e o pouco que posso expressar não teria sido expresso, se eu não soubesse mais." (*Strong Opinions*, 65)

"Lunático que sentia continuamente que todas as partes da paisagem e do movimento dos objetos inanimados formavam um código complexo de alusões a seu próprio ser, de modo que todo o universo parecia estar conversando a respeito dele, por meio de sinais." (*Gogol*, New Directions, 59)

"Alguma lei da lógica deveria fixar o número de coincidências em um dado domínio, após o qual elas deixariam de ser coincidências e formariam, em vez, o organismo vivo de uma nova verdade." (*Ada*, 361)

"Dessas coincidências espantosas que os lógicos detestam e os poetas adoram." (*Lolita*, 31; edição brasileira, 38)

"Não o texto, mas a textura." (*Pale Fire*, 44)

"Não o absurdo banal, mas uma rede de sentido. Exato! Bastava que eu pudesse encontrar na vida alguma espécie de elo-com-martelo, alguma espécie de padrão correlato dentro de um jogo." (*Pale Fire*, 44)

"Tente, Bunny, é o esporte mais nobre do planeta." (*Dear Bunny, Dear Volodya: The Nabokov-Wilson Letters, 1940–1971*, University of California Press, 76)

"Unidade com o sol e com as pedras." (*Speak, Memory*, 139)

"O azul sonho." (*Lolita*, 227; edição brasileira, 265)

"Olá, Melmoth, muito obrigado, meu velho." (*Lolita*, 307; edição brasileira, 357)

"Cedro galês." (*Ada*, 211)

"Segmentos de pelo de raposa." (*Ada*, 449)

"Uma daquelas repetições, uma daquelas vozes 'temáticas' com a qual, segundo todas as leis da harmonia, o destino enriquece a vida dos homens atentos." (*The Gift*, 199)

"Excitação e glamour"; "encontra nos prazeres mais ordinários, bem como nas aventuras aparentemente sem sentido." (*Glory*, ii–iii)

"Verbos líquidos em *ahla* e em *ili*." ("An Evening of Russian Poetry", *New Yorker*, 3 de março de 1945)

"Um inequívoco sinal, de todo decisivo, de continuidade do ser por trás do véu do tempo, para além da carne do espaço." (*Ada*, 452)

"Não vamos a lugar algum"; "estamos sentados em casa. O outro mundo nos rodeia sempre e não é, de modo algum, o ponto de chegada de nenhuma peregrinação. Em nossa casa mundana, as janelas são substituídas por espelhos; as portas, até certa altura, permanecem fechadas; mas o ar adentra pelas frestas." (*The Gift*, 310)

"Escuridão vítrea"; "a estranheza da vida, a estranheza de sua mágica, como se uma ponta dela tivesse sido, por um instante, voltada para trás"; "seu extraordinário estofo." (*The Gift*, 183)

"toda essa baralhada de pensamentos casuais, como também tudo o mais — a costura e a sordidez de um dia de primavera, o ruflar do vento, os rudes fios de sons confusos, entrecruzando-se de modo variado — não é senão o lado reverso de uma textura magnífica." (*The Gift*, 314)

"'Gelando' ou 'ládogel'. Acho que *um dia* isso vai acontecer com o todo da vida." (*The Gift*, 349)

"Galáxias divinas." (*Pale Fire*, 69)

"Certamente não é ali — não nos sonhos — senão quando se está plenamente desperto, em instantes de vigorosa alegria e conquista, na varanda mais alta da consciência, que a mortalidade tem a chance de enxergar mais além dos seus próprios limites, do mastro, do passado e da torre de seu castelo. E embora nada de mais possa ser visto através da bruma, há a bem-aventurada sensação de que se está a olhar na direção correta." (*Speak, Memory*, 50)

CAPÍTULO 15

"Reluzindo ao sol." (*Speak, Memory*, 30)

"Malha de luz." (*Speak, Memory*, 33)

"Pingentes de gelo ardiam gloriosamente no sol baixo." (*Speak, Memory*, 103)

"Sol irrompia em gemas geométricas." (*Speak, Memory*, 105)

"Mar de folhagem ensolarada." (*Speak, Memory*, 136)

"Lúcido espaço turquesa." (*Speak, Memory*, 213)

"Convulsões brilhantes." (*Speak, Memory*, 213)

"Incomum euforia de claridade." (*Speak, Memory*, 37)

"Pintados de sol." (*Speak, Memory*, 80)

"O sol vermelho do desejo e da decisão." (*Lolita*, 71; edição brasileira, 85)

"Pequenos anéis de luz viva." (*Ada*, 51)

"Brilhante véu." (*Speak, Memory*, 231)

"Luz verde-maçã." (*Lolita*, 41; edição brasileira, 50)

"Brilho lúgubre." (*Speak, Memory*, 44)

"Abrandada pelo crepúsculo." (*Lolita*, 146; edição brasileira, 171)

"Céus escarlate forrados com pele de foca." (*Pale Fire*, 85)

"Vestígios radiantes de luz do sol." (*Ada*, 154)

"Punhado de luzes fabulosas." (*Speak, Memory*, 24)

"Sob o pálido firmamento estrelado." (*Ada*, 116)

"Noite radiante, farta de luar"; "iridescente poema persa." (*Ada*, 413)

"Luz da varanda floculada de mariposas." (*Ada*, 262)

"Vampiros dourados ou caprichos passageiros do jardim." (*Ada*, 72)

"Arabescos de janelas acesas." (*Lolita*, 14; edição brasileira, 19)

"Uma faixa de luz colorida." (*Lolita*, 263; edição brasileira, 307)

"Grumos mágicos de carbureto." (*Speak, Memory*, 233)

"Brilho selênico." (*Lolita*, 293; edição brasileira, 341)

"Luz recolheu-se." (*Speak, Memory*, 110)

"Súbito resplendor de uma luminária isolada." (*Speak, Memory*, 99)

"Lâmpada esmeralda." (*Ada*, 211)

"Arena de esplendor." (*Speak, Memory*, 134)

"Esverdeado translúcido das uvas." (*Speak, Memory*, 119)

"Brilhante escárnio da loucura." (*Ada*, 154)

"Palidez brilhou"; "obscuridade ardeu." (*Ada*, 58)

"Luz escamosa." (*Ada*, 116)

"Cintilação suave e úmida." (*Speak, Memory*, 231)

"Cintilação dupla." (*Speak, Memory*, 50)

"Letra límpida e luminosa." (*Strong Opinions*, 25)

"Babel prismática." (Orhan Pamuk, *Other Colors*, Knopf 155)

"Azul libanês." (*Ada*, 204)

"Camadas de luz." (*Lolita*, 42; edição brasileira, 52)

"Lâmpada esmeralda." (*Ada*, 211)

"Nuvem violácea tingida à meia-luz." (*Speak, Memory*, 90)

"Pequeno besouro resplandecente." (*Ada*, 71)

"Aurora límpida." (*Speak, Memory*, 295)

"Luz salpicada do sol." (*Lolita*, 41; edição brasileira, 50)

"Luz verde-limão"; "clareiras de lúcida suavidade." (*Ada*, 555)

"Cintilava de ponta a ponta." ("Perfection", *Stories*, 343; "Perfeição", edição brasileira, 425)

"Clarão da plena consciência." (*Speak, Memory*, 22)

"Cores que se rejubilavam em silêncio." (*Lolita*, 346; edição brasileira, 358)

ÍNDICE DE FOTOGRAFIAS

PRÓLOGO

"Eu, Vladimir Nabokov, te saúdo, vida!" (La Videmanette, Suíça, agosto de 1971, Dmitri Nabokov, © Dmitri Nabokov)

CAPÍTULO 1

A "Lysandra Cormion", descoberta por VN numa exitosa caçada de verão. (Moulinet, França, julho de 1938, © Dmitri Nabokov)

Minha imagem de VN. (Zermatt, Suíça, 1962, Horst Tappe, © Horst Tappe Foundation)

CAPÍTULO 2

"Um pequeno intervalo brilhante no parque." (Estado de Vyra, Rússia, c. 1900, © Dmitri Nabokov)

CAPÍTULO 3

"Tamara", ou Lyussya Shulgin. (Rússia, 1916, *Izvestia*)
Experimentando a felicidade. (Le Boulou, França, fevereiro de 1929, Véra Nabokov, © Dmitri Nabokov)

CAPÍTULO 5

12 + 38. (À beira da piscina em Montreux Palace, Suíça, verão de 1966, Philippe Halsman, © Philippe Halsman / Magnum)
Ele e você. (Montreux Palace, Suíça, outubro de 1968, Philippe Halsman, © Philippe Halsman / Magnum)

CAPÍTULO 6

Trabalhador rural. (Propriedade de Domaine Beaulieu, França, primavera ou verão de 1923, © Dmitri Nabokov)
Passaporte de imigrante, abril de 1940. (Paris, França, abril de 1940, © Dmitri Nabokov)

CAPÍTULO 10

Eu e VN no lago Como. (Ithaca, Nova York, 1957, © The Department of Manuscripts and University Archives, Cornell University Library; montagem de Lila Azam Zanganeh)
Dmitri, conquistando sua própria América. (Junção de East Ridge e North Face próximo ao cume de Grand Teton, Jackson Hole, Wyoming, julho de 1952, © Dmitri Nabokov)

CAPÍTULO 11

"Minha alma ainda assim vai andar de calças curtas."
(Zermatt, Suíça, 1962, Horst Tappe, © Horst Tappe
Foundation)

CAPÍTULO 14

Plenamente desperto. (Montreux, Suíça, setembro de
1966, Philippe Halsman, © Philippe Halsman /
Magnum)

AGRADECIMENTOS

Eu gostaria de agradecer a Dmitri Nabokov por sua imensa gentileza e tremenda ajuda, a minhas editoras Alane Salierno Mason e Alexis Kirschbaum, por seu trabalho único, meticuloso e apaixonado, assim como a Olivier Cohen, que tão graciosamente liderou o processo. Minha gratidão também a Bijan Saffari, por me contar o significado da borboleta que pousara em seu ombro em Montreux; a Françoise Grellet, por me ensinar as particularidades da língua inglesa; a Judith Crist, por ter me dado a primeira inspiração para escrever; a Andreas Guest, por apreender toda a felicidade de *Ada*; e a Jakuta Alikavazovic, por ter surgido uma tarde como minha irmã nabokoviana. Nesta edição brasileira, gostaria de dar meu mais feliz obrigada a Marcelo Ferroni, Roberto Feith e Ben Moser, que conjuraram, cada um à sua maneira, para que ela viesse a lume. Sempre serei grata além disso pelo extraordinário retorno, em vários momentos, de

Brian Boyd, Larissa MacFarquhar, Tommy Karshan, Nina Khrushcheva, Jim Hanks, Jesse Lichtenstein, Leah Pisar, Topaz Page-Green, Pierre Demarty, Rava Azeredo da Silveira, Jean-Louis Jeannelle, Marie-Laure Geoffray, Julie Peghini e Justine Landau. Sua generosidade foi muito além de qualquer coisa que eu pudesse alguma vez ter imaginado ou esperado.

Este livro foi impresso
pela Lis Gráfica para a
Editora Objetiva em
agosto de 2013.